AF297442

ACHILLE MILLIEN

# AUX CHAMPS
# ET AU FOYER

*PLEIN AIR*

*INTÉRIEUR — RÉVES ET SOUVENIRS*

13 dessins des peintres nivernais.

PARIS

ALPHONSE LEMERRE, ÉDITEUR

23-31, PASSAGE CHOISEUL, 23-31

M DCCCC

# AUX CHAMPS

### ET

## AU FOYER

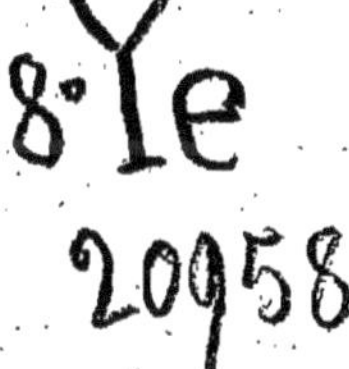

# OUVRAGES D'ACHILLE MILLIEN

LA MOISSON, 1860. . . . . . . . . . . . . . . 1 vol.
CHANTS AGRESTES, 1862. . . . . . . . . . . . . 1 vol.
LA GERBE, 1863 (recueil collectif avec Emmanuel Gonzalès,
    L. de Laincel, etc). . . . . . . . . . . . . 1 vol.
LA PIERRE-DES-ELUS, prose . . . . . . . . . . . . 1 vol.
LES POÈMES DE LA NUIT, 1864 . . . . . . . . . . 1 vol.
         (Couronnés par l'Académie française.)
MUSETTES ET CLAIRONS, 1867 . . . . . . . . . . . 1 vol.
LÉGENDES D'AUJOURD'HUI, 1870 . . . . . . . . . . 1 vol.
VOIX DES RUINES, 1873 . . . . . . . . . . . . 1 vol.
POÈMES ET SONNETS, 1879. . . . . . . . . . . . 1 vol.
LE FLUTEUX (poème), 1881
LA FILLE DU FLUTEUX (poème), 1883.
PETITES FABLES ET LÉGENDES DU NIVERNAIS, 1887 (Tirage
    à part de l'*Archivio delle Tradizioni popolari*.)
CHANTS POPULAIRES DE LA GRÈCE, DE LA SERBIE ET DU
    MONTENEGRO, 1891. . . . . . . . . . . . . 1 vol.
CAMOENS, nouvelle édition, 1892
CHRISTOPHE COLOMB, 1892.
FLEURS DE LA POÉSIE ÉTRANGÈRE, Poètes portugais, 1892.
LES CHANTS ORAUX DU PEUPLE RUSSE, 1893. . . . . . 1 vol.
POÈTES COURONNÉS, 1893.
LE LIBÉRATEUR, 1893.
PETITS CONTES DU NIVERNAIS, 1894.
BALLADES ET CHANSONS POPULAIRES DES TCHÈQUES ET DES
    BULGARES, 1894. . . . . . . . . . . . . . 1 vol.
ETRENNES NIVERNAISES pour 1895 . . . . . . . . . 1 vol.
ETRENNES NIVERNAISES pour 1896 . . . . . . . . . 1 vol.
CHEZ NOUS, 1896 (couronné par l'Académie française) . . 1 vol.
LA REVUE DU NIVERNAIS, recueil mensuel illustré (4ᵉ année
    1899-1900), directeur Ach. Millien.— Abonnement 10 fr.

Les Recueils parus de 1860 à 1873 ont été refondus en deux
volumes de luxe, grand jésus, ornés de nombreuses gravures à
l'eau-forte. Ces deux volumes : *Premières Poésies* (1859-1864) et
*Nouvelles Poésies* (1864-1873) se vendent séparément, à la librairie
Alp. Lemerre. Il en a été fait un tirage numéroté, avec épreuves
avant la lettre.

### EN PRÉPARATION :

LE PARNASSE DU DIX-NEUVIÈME SIÈCLE :
    1° Poètes espagnols et hispano-américains ;
    2° Poètes portugais et néerlandais (hollandais et flamands).

LITTÉRATURE POPULAIRE ET TRADITIONS DU NIVERNAIS
    Contes, légendes, chansons, prières, incantations, proverbes,
sobriquets, devinettes, coutumes, superstitions, croyances médi-
cales, etc., recueillis et annotés par *Achille Millien.*

    8 volumes grand in-8°, illustrés de dessins.
    (Les airs de tous les chants ont été notés par *J.-G. Pénavaire.*)

*ACHILLE MILLIEN*

# AUX CHAMPS
# ET AU FOYER

## PLEIN AIR
### INTÉRIEUR — RÊVES ET SOUVENIRS

13 dessins des peintres nivernais.

**PARIS**
ALPHONSE LEMERRE, ÉDITEUR
23-31, PASSAGE CHOISEUL, 23-31

M DCCC

# AUX CHAMPS

C'est aux champs que je vais souvent cueillir mes rimes,
En plein air, soit au creux des vallons, soit aux cimes,
Fleurs simples que je glane aux quatre vents du ciel ;
La nature toujours verse son allégresse
En mon âme grisée à son charme éternel ;
Mais parfois je m'attriste, un noir penser m'oppresse.

Noble labeur des champs, bon pour l'âme et le corps,
Qui rends, tout à la fois, le cœur sain, les bras forts ;
Fondement de la race et gloire de l'ancêtre,
Source de l'aliment qui nous conserve l'être,
Collaboration des hommes avec Dieu,
Faut-il, hélas ! faut-il en faire ici l'aveu ?
Notre amollissement te renie à cette heure.
Coupler les bœufs au joug, manier l'aiguillon,
Sous la pointe du soc entr'ouvrir le sillon,
Semer la graine auguste, est tâche inférieure.
Fixant ailleurs ses vœux avec son engoûment,
Le rustique ouvrier cache jalousement,
Dans l'imbécillité d'une honte orgueilleuse,
Sa main que le travail de terre rend calleuse.

*Les vieillards paysans ne sont pas remplacés.*
*Pourtant, peut-on le dire et le redire assez?*
*La nation, chez qui le mépris de la terre*
*Entraîne l'abandon du sol héréditaire,*
*Court aveugle et front bas au-devant du danger ;*
*Un tel peuple énervé, frappé de déchéance,*
*Atteint dans son principe, est à brève échéance*
*Prêt pour la servitude et mûr pour l'étranger.*

*O laboureur, gardien des traditions fortes,*
*Qui reçois et transmets l'âme des ères mortes,*
*Moi, je t'aime et t'honore en ton travail des champs,*
*Et je dis : Vous encor, les derniers paysans,*
*Fils des glèbes, soyez, sans regret, sans envie,*
*Fiers de perpétuer la bonne œuvre de vie.*
*Sous la brume automnale ou le soleil ardent,*
*Tracez votre sillon nourricier, cependant*
*Qu'égrenant sa chanson d'aurore et d'espérance,*
*Monte, monte dans l'air l'alouette de France.*

# PLEIN AIR

A. Berthault del.

LABOUR

J. Monteignier del.

GABRIELLE

# PLEIN AIR

---

## LABOUR.

---

Par le champ qui décrit sa courbe dans l'azur,
Les six bœufs deux par deux vont d'un pas lent et sûr,
Traînant le soc où l'homme aux cheveux gris s'appuie
Et qui fend le sol dur tant assoiffé de pluie.
Matin ensoleillé de juin qui resplendit.
Un jeune paysan, toucheur de bœufs, brandit
L'aiguillon d'un geste ample et comme hiératique
Et chante à pleine voix selon le mode antique :

    « Ho ! les beaux bœufs nourris par moi
    Dans les étables de la ferme,
      Tio ! tio ! holéha holé !
    Bons au labour, bons au charroi,
    Tirez bien droit, marchez bien ferme,
      Tio ! tio ! hip ! »

Les bœufs blancs, œil mi clos, mufle rose et baveux,
En un commun effort tendent leurs cous nerveux.
Jusques au bas du champ droite descend la raie :
Un bref instant de pause à l'ombre de la haie,
Puis les couples vaillants vont, patients et doux,
Pour un autre sillon repartir... Et les jougs
Grincent sous la courroie, et le soc luisant crie
En pénétrant au sein de la terre meurtrie.

> « Ho ! mes valets, mes compagnons
> De tous les temps, calme ou tempête,
>   Tio ! tio ! holéha holé !
> Gentils et forts, fiers et mignons,
> Hardi ! mes bœufs que rien n'arrête,
>   Tio ! tio ! hip ! »

Et toujours les six bœufs vont d'un pas régulier,
D'un bout à l'autre bout, par le champ familier.
Le sol s'échauffe tel qu'un fourneau qu'on allume ;
Par essaims s'attachant au poil mouillé qui fume,
Le taon vorace fait rougir un point sanglant
Sur la rose blancheur du poitrail ou du flanc...
Et toujours le soc clair, sans hâte, sans secousse,
Soulève en frémissant la glèbe brune et rousse.

> « Courage, amis ; tirez, mes bœufs !
> Encore un tour ou deux peut-être,
>   Tio ! tio ! holéha holé !

Et vous irez aux prés herbeux
Jusqu'à demain dormir et paître,
   Tio ! tio ! hip ! »

L'attelage gravit la côte, raffermi
Au rhythme caressant de ce langage ami
Qui berce doucement sa fatigue trompée.
Et le vieux laboureur, qu'aussi la mélopée
Ranime pour guider le soc d'un effort sûr,
Un pied dans le sillon, l'autre sur le sol dur,
Dans sa marche inégale aux bras de la charrue
Se courbe, en arrosant de sa sueur, accrue
Par le soleil qui monte au plein ciel de l'été,
Son œuvre de puissance et de fécondité.

# AVRIL.

Le bel Avril drapé dans sa robe fleurie
Déchaîne en se jouant le vol des papillons ;
Il les prend pour escorte et, nimbé de rayons,
Frôle de ses pieds blancs le sol de la prairie.

Il court avec le vent parmi les tourbillons
De mille oiseaux chanteurs que sa main apparie
Et l'herbe que le souffle hivernal a flétrie
Sous son pas fécondant renaît dans les sillons.

Avril ! dit le jeune homme au cœur chaud d'espérance.
Avril ! dit le malade oubliant sa souffrance.
Avril ! dit le vieillard sous son âge affaissé...

Avril qu'ainsi chacun acclame, appelle, invite,
Envoie à tous un frais sourire... il va si vite
Avec son gai cortége, il passe, il est passé !

# GABRIELLE.

Vive comme une abeille au sortir de la ruche,
Gabrielle aux yeux noirs, trottant diligemment,
Un panier d'une main et de l'autre une cruche,
Va porter le repas aux faucheurs de froment.

A ses cheveux d'ébène elle a mis une rose,
Elle a mis une rose à son corsage ouvert ;
Elle en tient une encore, une à sa bouche rose,
Tandis qu'elle chemine au long du taillis vert.

Laissant l'étroit sentier que borde la fougère,
Elle entre dans le champ semé d'épis grenus
Qu'elle frôle, en passant, de sa cotte légère,
Sous le soleil qui mord ses bras ronds, ses bras nus.

Les trois jeunes faucheurs que l'air de juillet hâle,
A cette heure où midi là-bas tinte au clocher,
Quittant l'outil sonore, en leur stature mâle
Se redressent, contents de la voir approcher.

La joie emplit leurs cœurs devant la belle fille
Qui projette autour d'elle un charme printanier,
Répond à leurs propos, simple et franche, et babille
En déposant près d'eux la cruche et le panier.

— « Dis-nous, demandent-ils, dis-nous, plaisante brune,
A qui donneras-tu ces roses que voici ?
Nous sommes trois, chacun voudrait en avoir une... »
— « Eh bien ! prenez... cette autre... et même celle-ci. »

— « Mais que t'offrirons-nous, ô gente Gabrielle ?
Toutes les fleurs des champs, dit l'aîné, tendre et gai,
Ne nous fourniraient pas une gerbe assez belle
Pour en parer ta porte au jour du premier mai ! »

L'un cueille des bluets, l'autre des marguerites
Et le plus jeune tresse en couronne les fleurs :
— « A toi cette couronne, à toi, tu la mérites ;
Mais l'éclat de ton teint fait pâlir ses couleurs. »

Ainsi le front cerclé, rustique souveraine,
Son rire laisse voir la blancheur de ses dents...
— « Vite, crient les faucheurs, reviens, petite reine ! »
Tandis qu'elle repart sous les rayons ardents.

Tous trois suivent des yeux son pas alerte et ferme,
Et quand elle se perd sous l'allée en berceau
Qui, le long du taillis, la conduit à la ferme,
Ils l'entendent encor chanter comme un oiseau.

# SOLEIL ROUGE.

Sur l'horizon sinistre où des vapeurs d'orage
Infligent au soleil qui décline, l'outrage
D'amortir ses rayons, l'astre royal descend :

Comme honteux de voir sa splendeur qui s'efface,
Il se hâte et le disque énorme de sa face
Est rouge et semble prêt à dégorger du sang.

L'air pèse. Pas un chant d'oiseau. Dans la nature
Tout se tait et s'attriste, alors qu'en la pâture,
Tenant leurs cous tendus sous le reflet vermeil,

La troupe des grands bœufs, inquiète et mouvante,
A l'air de contempler d'un œil qui s'épouvante
L'orbe étrange et terni qui n'est plus le soleil.

# LA RONCE.

Oui, toi-même, ronce morose,
Objet d'horreur et de souçi,
Tu subis ta métamorphose
Et veux, un jour, sourire aussi.

Lorsque Septembre a sur la haie
Par les fruits remplacé les fleurs,
Ta corolle élégante et gaie
Arbore à son tour ses couleurs.

Tes jets élancés qui s'étoilent
De rose et de blanc, par milliers
Se croisent en arceaux et voilent
La nudité de nos halliers.

Le passant, d'habitude, fronce
Le sourcil devant toi : « Comment !
Se dit-il alors, cette ronce
Produit un effet si charmant !... »

Près de ta fleur, — framboise brune,
Paraît ton fruit, dont la fraîcheur
Est âpre et douce et, de fortune,
Calme la soif du voyageur.

Demain, par troupe, au long des haies,
Viendront, ennemis familiers,
Se disputer ces noires baies
Les oiseaux et les écoliers.

Déjà même, le petit pâtre,
Sans attendre, lui, qu'il soit mûr,
Cueille ton fruit encor rougeâtre
Pour assaisonner son pain dur.

# FIN DE PRINTEMPS.

O fuite des beaux jours ! si rapide et si brève,
Déjà du Renouveau prend fin l'éclosion...
Avril dure un moment, Mai passe tel qu'un rêve
Et Juin s'évanouit comme une vision.

Sous le ciel d'un bleu lourd, une brûlante haleine
Annonce ton triomphe, orageux Messidor.
Aux branches du genêt c'est une gousse pleine
Qui remplace aujourd'hui la fleur aux ailes d'or.

Elle va s'éteignant, la chanson de la terre :
Le coucou printanier s'apaise dans les bois
Et désormais des nuits taisant le doux mystère,
Le prince des chanteurs lui-même perd la voix.

Le blé jaunit, l'avoine orne sa hampe frêle
De ses légers grelots promis à la moisson ;
Les prés, où du grillon cliquète le cri grêle,
Sous l'acier des faucheurs ont laissé leur toison.

C'est l'heure du nid vide et de la graine mûre ;
Le gai printemps s'envole et fait place à l'été.
Ah ! voici que le temps est proche où la nature
Va payer le rachat de sa fécondité.

Qui transmet l'être en meurt, c'est la règle des choses :
Le flambeau se consume en donnant sa lueur ;
Les floréals ont tous en germe les nivôses ;
La plante doit périr, ayant porté sa fleur.

Aussi, pour le rêveur, une mélancolie
Naît des champs opulents... Parmi le taillis vert,
J'ai vu, triste présage ! une feuille pâlie
Et mon cœur a senti comme un frisson d'hiver.

# CHANT DE COUCOU.

Ciel de juin, d'un bleu lourd, où l'orage est en germe.
Lasse de son splendide épanouissement,
Aujourd'hui la nature en un recueillement
Mol et voluptueux s'alanguit et s'enferme.

Comme en août, aux midis du plus ardent des mois,
Le calme plat s'étend sur la plaine dormante...
Silence étrange où, seul, un coucou se lamente
Dans la sonorité lointaine des grands bois.

Une mélancolie est dans son chant, qui pleure
Le printemps peu durable et sonne tel qu'un glas
Pour mesurer sans cesse et marquer pas à pas
La fuite inéluctable et muette de l'heure.

# ONDÉE DU SOIR.

La salutaire ondée expire en fines gouttes.
D'un nuage opalin qui semble entrebâillé
Un gai rayon s'échappe ; il glisse au front mouillé
Des bois et met de l'or sur la blancheur des routes.

Et maintenant que l'air n'est plus aride, un vol
D'aromes délivrés se joue au bord des sentes :
Violette qui meurt, aubépines naissantes,
Blancs pommiers secouant leur neige sur le sol ;

Senteurs grisantes, âcre odeur de sève chaude,
Qu'avril cueille en buée à la pointe des joncs,
Sur le chêne robuste où craquent les bourgeons,
Sur le gazon menu plus vert que l'émeraude.

Et cent oiseaux et mille insectes alentour,
Sur ma tête en l'espace, à mes pieds dans le sable,
— Désordre gracieux, charme indéfinissable ! —
Se mêlent en un chœur d'allégresse et d'amour,

Où sonne, tour à tour cristalline, étouffée,
La note des crapauds sur le bord de leurs trous,
Plainte, soupir, appel, bref accent tendre et doux,
Tel que l'exhalerait la flûte d'une fée.

Une haleine de vent dont frémit la forêt
Balaie à l'occident la nue évaporée
Et, drapé pour mourir en sa robe pourprée,
Le soleil un instant se montre et disparaît.

Comme un voyageur las, le jour atteint ses bornes.
Sereine, présageant nuit calme et matin pur,
Sur l'horizon que baigne un pâle et vague azur
La lune érige en paix l'acier clair de ses cornes.

## IMPASSIBLE.

Cependant qu'à l'heure où nous sommes,
Se disputant quelques halliers,
Ivres d'ambition, les hommes
Vont s'entretuer par milliers ;

Quand la voix du canon, pareille
A l'aboi d'un fauve infernal,
De la tuerie, à notre oreille,
Apporte déjà le signal,

Sur les replis de la vallée,
Sur les massifs des bois épais,
Sur la colline ensoleillée,
L'été serein verse sa paix.

O souveraine indifférence
De la terre et du firmament,
Que la bataille en son outrance
Ne troublera pas un moment !

Le drame sanglant se déroule
Derrière ce coteau voisin ;
Qu'importe ! la source qui coule
Emplit en chantant son bassin.

Le bronze meurtrier qui gronde
Par tant de gueules à la fois,
N'émeut en rien la tête blonde
Des épis mûrs au bord du bois.

Le troupeau ruminant aspire
Le vol des brises sans savoir
Que le destin d'un grand empire
Près de lui se règle ce soir.

Et tandis que là-bas, sans doute,
Ecrasant les corps sous les corps,
Hurlante, atroce, la déroute
Fait une litière de morts,

Le pâtre que l'air tiède enivre,
Comme un lézard en plein soleil,
Se vautre en son bonheur de vivre,
Sur un lit de sainfoin vermeil,

Et le taureau, les pieds dans l'herbe,
Immobile au sommet du champ,
Dessine son profil superbe
Sur le fond calme du couchant.

IMPASSIBLE

LE HÉRON

# LE HÉRON.

Dans l'espace muet où dorment les airs calmes
Défilent lentement les hérons migrateurs
Dont le vol automnal, sillonnant les hauteurs,
Va chercher le soleil au doux pays des palmes.

Les voilà sur un cri sonnant comme un buccin,
Ordre et signal du chef qui règle leur manœuvre,
Tour à tour alignés, gigantesque couleuvre,
Rangés en fer de flèche ou groupés en essaim.

Ils ont, volant ainsi, déjà fait bien des lieues,
Mais combien à franchir, combien en reste-t-il ?
Avant d'atteindre au but, hélas ! plus d'un péril
Les menace à travers les immensités bleues.

Ils voguent en silence, à la file espacés,
Dans l'océan du ciel qu'un morne jour éclaire,
Que battent — avirons d'une étrange galère —
Leurs ailes à grands coups, larges et cadencés.

Ils dépassent la combe où leur faim voudrait paître,
La mare et la forêt, la lande et les maisons,
Et toujours et toujours ils voient les horizons
Paraître, s'approcher, s'évanouir, renaître !

D'un nuage entr'ouvert filtre un pâle rayon,
Fugitif et menteur ; il prépare en traîtrise
L'averse que bientôt, sur la troupe surprise,
Le couchant assombri lance en noir tourbillon.

Et soudain passe en l'air un accent de détresse :
C'est un des émigrants qui faiblit ; à sa voix
Tous les autres hérons répondent à la fois
Et leur cri fraternel l'encourage et le presse.

Un vertige le prend, son aile s'alourdit,
Son plumage mouillé que le vent cingle et froisse
Se hérisse ; il frémit d'un long frisson d'angoisse
Et le sang dans son cœur se glace et s'engourdit.

Il se sent défaillir ; il a quitté sa place
Dans le rang qu'il voit fuir... Ses frères par moment
L'appellent, ralentis ; lui si péniblement
Les suit, qu'ils sont déjà loin, très-loin dans l'espace.

O tristesse ! il entend, par cent voix répété,
L'adieu qu'en s'éloignant la troupe ailée envoie :
Adieu, ses compagnons ! Il n'aura pas la joie
D'arriver avec eux à l'Éden convoité.

Il est seul, il tournoie, à bout de force il tombe !
Et bientôt il mourra d'ennui, de désespoir,
Si, sous la dent du fauve ou le plomb, dès ce soir,
Chassé, traqué, surpris, le héron ne succombe.

*
* *

Dans son ascension vers l'Idéal, ce chaud,
Pur et brillant foyer dont le reflet la tente,
Ainsi, l'aile éployée, une âme palpitante
S'élève, vole, monte à la clarté d'en haut.

La route est longue et rude. Affaiblie et lassée,
L'âme lutte, s'acharne, et plus vite et plus fort,
S'élance... mais le but est loin... stérile effort !
Elle retombe, hélas ! la pauvre âme blessée !

## GROUPE.

Sur la route fleurie où le soleil splendide
En son manteau royal à son lever descend,
Petit, voûté, vieillot, malingre, par la bride
Un homme mène un âne à poil noir et luisant.

Ce n'est pas l'âne, non, qui suit l'homme : à sa guise
Il va de droite à gauche, il allonge le pas,
Il tire sur la bride et l'homme à barbe grise
Marche au gré du baudet, le dos rond, le nez bas.

S'il se fâche, l'ânon masque son insolence :
Tranquille, en bon apôtre, il chemine un moment,
Puis reprend son allure et, pour se moquer, lance
Un effronté, sonore et terrible braiment.

Il tourne de côté son œil malin de bête
Et toisant en matois son maître avec hauteur,
L'oreille en pointe droite au sommet de la tête,
Semble dire : C'est moi qui suis le conducteur !

## AUBADE.

Manteau rose et blanc, crinière de feu,
L'aurore naissante, éployant son voile,
Sous sa gaze claire éteint chaque étoile
Qui pâlit et meurt au fond du ciel bleu...
— Astres d'amour clos par le rêve encore,
Pour que ce matin soit plus radieux,
Vous qui n'avez pas à craindre l'aurore,
         Ouvrez-vous, beaux yeux !

Un frisson émeut la plaine où sourit
L'essaim merveilleux des fleurs éveillées ;
Et le parfum sort des urnes mouillées
Que la nuit berça, que l'aube entr'ouvrit...
— Et vous, fleurs d'amour, ô fleurs d'amourette,
Pour que ce matin soit plus gracieux,
Comme le narcisse et la pâquerette,
         Ouvrez-vous, beaux yeux !

# A DRUYES-LES-BELLES-FONTAINES.

Belles impressions au vif en moi gravées !
Sous le soleil mourant que chantent les oiseaux,
Quand j'ai baigné mon âme au calme de tes eaux,
Cristal sans tache fait pour y mirer les fées,

Je gravis le rocher qui porte en fier décor
Tes murs qu'aux jours lointains bâtit Mahaut la Grande,
Séculaire trésor d'histoire et de légende,
Grandiose débris, ruine altière encor !

Au pied des hautes tours rudement découpées
Sur le ciel étoilé, tandis que je poursuis,
Indifférent à l'heure, un rêve d'épopées,

De ton enceinte immense il sort d'étranges bruits :
Vague et doux chant de fête épars au vent des nuits,
Sonore cliquetis de lances et d'épées !

# L'OMBRE.

A l'heure où le cri du hibou fend l'air,
J'erre seul et vois, le dos à la lune,
Mon ombre traçant son esquisse brune
Marcher devant moi sur le chemin clair.

Fantôme railleur, qui pourrait l'atteindre ?
Forme mensongère, où donc la saisir ?
Figure illusoire, en vain mon désir
Voudrait la fixer, l'embrasser, l'étreindre.

Je cours et me hâte : alors la voici
Qui se hâte et court, vite et toujours prête...
Si plus lentement j'avance ou m'arrête,
Elle se modère ou fait halte aussi.

Va donc devant moi, va, muette et sombre !
— Et je pense à tant d'hommes ici-bas
Qui, ralentissant ou pressant le pas,
Épuisent leur vie à poursuivre une ombre.

## DANS LA LANDE.

Le choucas enroué, de son cri tel qu'un râle
Attriste le terrain désert, inculte et plat,
Où rampe la lueur d'un soleil sans éclat
Qui, dans le brouillard gris, plaque un disque d'or pâle.

L'espace est vide. A l'aise, en sifflant, l'âpre chœur
Des vents d'automne court sur les ajoncs moroses ;
Non, jamais plus qu'ici, le deuil profond des choses
N'a de mélancolie imprégné tout mon cœur !

Nul soc n'a fécondé cette terre muette,
Dont un maigre gazon verdit le flanc moussu...
Mes regards dans le vague ont soudain aperçu
Un être humain dressant sa longue silhouette.

L'homme en plein fond de ciel semble immense : alentour
Aucun arbuste, aucun n'égale sa stature ;
Il conduit un troupeau dans la morne pâture,
Seul au matin naissant, seul au déclin du jour.

A quoi rêve cette âme à tel sort asservie ?
Et qu'importe au pasteur en son isolement
Ton tumulte, univers ? .. Devant lui, brusquement
J'entrevois la grandeur, la pitié de la vie.

Son chien noir, hérissant le poil, jappe à l'écart,
Puis se tait en grognant sur un signe du maître,
Tandis que ses moutons s'interrompant de paître
Fixent sur moi leur vague et timide regard.

Immobile et drapé, lui, dans sa limousine.
— « Camarade, bonjour ! lui dis-je en m'approchant,
Quand donc arriverai-je au bout de votre champ ?
Je voudrais faire halte à la ferme voisine. »

D'un geste ample étendant le bras vers l'horizon
Et d'une étrange voix qui chevrote et qui pleure :
— « Si vous marchez toujours devant vous plus d'une heure,
Vous trouverez là-bas l'étable et la maison.

» Mais ne déviez pas, la solitude est grande :
A droite comme à gauche alors vous erreriez
A travers la bruyère et les genévriers,
Et la nuit sans abri vous prendrait dans la lande. »

# FLEUR TARDIVE.

Après que chaque herbe a fleuri
Sur la colline et dans la plaine,
Maintenant que tout s'est flétri
Sous l'âpre et dévorante haleine
Qui souffle du ciel assombri,

Égayant le tableau morose
De la nature à son déclin,
Voici qu'une fleur tardive ose
Ériger, blanche comme lin,
Sa corolle au matin éclose.

O fleur de l'arrière-saison,
Isolée au bord de la sente,
Quand passe la bise, un frisson
Courbe ta tige pâlissante
Vers le sol où meurt le gazon,

Et je pense à l'âme ingénue
Qui, comme toi, tremblante fleur,
Confiante, timide et nue,
Souffre et languit, trop tard venue
En notre époque sans chaleur.

## PETITS BERGERS.

La pourpre et l'or des bois déjà se sont rouillés,
Et, chassant les chanteurs des ramures chenues,
L'hiver, de son scel noir, frappe les champs, souillés
Par le brouillard boueux que distillent les nues.

Bergerette qui vas, soufflant sur tes doigts gourds,
Avec tes moutons gris dans les maigres fougères,
Ces jours te semblent longs, tout en étant si courts :
Ah ! les heures d'été s'envolaient si légères !

Dans la saison fleurie où juin succède à mai,
Tu buvais le soleil, si rieuse et tant aise
De t'asseoir sur un lit de gazon parfumé
Que le serpolet brode et qu'empourpre la fraise.

Ton troupeau, comme toi, regrette le printemps,
Et le nez au vent froid, bêle, cherchant pâture...
Mais tes grands yeux doux, brune aux cheveux frisottants,
Sont mouillés : pleures-tu le deuil de la nature ?

La petite sur moi lève un regard chagrin ;
Son front mat est charmant sous sa toison d'ébène ;
De sa bouche un souci courbe l'arc purpurin :
« Pour trouver du bois sec j'avais eu tant de peine !

Me dit-elle, — » et mon feu qui s'est éteint deux fois…
J'avais mis quinze à vingt châtaignes sous la cendre,
Et je les faisais cuire en réchauffant mes doigts ;
Alors France le pâtre est venu me les prendre.

» J'étais seule à mon feu ; sans avoir l'air de rien,
Lui s'était approché comme un loup, comme un traître…
Ah ! j'ai crié longtemps pour défendre mon bien ;
Moi, je n'ai que dix ans ; lui douze, il est mon maître ! »

— France est un vrai vilain, mais de ses mauvais tours,
Tu peux te consoler. — Veux-tu que je te dise?
Petite, je prévois que tes yeux de velours
Lui feront chèrement payer sa gourmandise.

Quand il coquètera parmi tes amoureux,
Tu lui rappelleras tes châtaignes volées ;
Et lui, n'en doute point, se croira trop heureux
De les restituer, mais au moins centuplées.

Encor quelques printemps et ces jours vont venir ;
Ta revanche, ô brunette, est sûre… Mais peut-être
Que tu ne voudras plus alors te souvenir
Et que plus que jamais France sera ton maître.

# VOL DE CYGNES.

L'haleine du vent tiède à peine remuait
La feuille frissonnante au faîte des grands ormes
Et des vieux charmes tors, silhouettes difformes
Où s'accrochait la nuit tombant dans l'air muet.

La lune se leva du fond de la vallée,
Sereine et purpurine, et ses raîs tremblotants
Piquèrent d'argent pur la face des étangs,
Assoupis côte à côte en leur nappe voilée.

Soir de rêve, ô beau soir ! Une langueur de paix,
Mélange de tendresse et de mélancolie,
Endormait en caresse et la plaine amollie
Et les bruns horizons cerclés de bois épais.

Des nuages passaient, devant la lune claire,
Par groupes, blancs, légers, floconneux, ressemblant
Au vol silencieux de grands cygnes, allant
Loin du monde d'en-bas vers la zone stellaire.

Et je croyais sentir, les voyant peu à peu
Dans le vague étoilé s'enfoncer, disparaître,
Quelque chose d'intime essorer de mon être
Et monter et se perdre avec eux dans le bleu...

# JOUR DE MOISSON.

En balançant leurs faucilles,
Jupe courte, sous l'azur,
Voici que partent les filles
Pour la moisson du blé mûr.

Sitôt qu'a donné chacune
Un coup d'œil à son miroir,
Elles s'en vont, blonde ou brune,
Travailler, de l'aube au soir.

On chemine, on saute, on jase,
Le pied vif, la langue aussi :
Rire clair, lambeaux de phrase
Dans le pur patois d'ici,

Si bien que l'essaim qui passe
Là-bas, au long des ruisseaux,
Laisse envoler dans l'espace
Comme un gazouillis d'oiseaux.

# LA BRISE.

La brise vespérale a rompu les liens
Qui l'enchaînaient muette au cœur du massif sombre ;
Elle court, enfin libre, elle vole dans l'ombre
Et la ramure vibre en sons éoliens.

Murmure si subtil et qui pourtant domine,
En berçant à la fois et mon âme et mes sens,
Tous les bruits d'alentour, marteaux retentissants,
Cor lointain, chariot qui lourdement chemine.

Et dans la brise errante à la chûte du jour
Je perçois, par dessus ces rumeurs étouffées,
Soit le bruissement d'une ronde de fées,
Soit un adieu plaintif, soit un soupir d'amour.

G. Comoy del.

VIEILLE ÉGLISE

# VIEILLE ÉGLISE

Pauvre petite église, indigente, affaissée
Sous le fardeau croissant des siècles révolus ;
Qui, telle qu'une aïeule à la taille cassée,
T'inclines vers le sol chaque jour un peu plus,

Quand ta cloche fêlée épanche note à note,
Comme une toux quinteuse au gosier d'un mourant,
Son appel vigilant qui tremble et qui sanglote
Sans émouvoir le cœur d'un peuple indifférent,

Il émane de toi cette mélancolie
Des êtres que je vois sur le point de périr,
Dont l'âme à s'exhaler s'apprête et se délie,
Pour qui toujours mon âme est près de s'attendrir.

Nos pères te savaient douce et consolatrice ;
Notre âge, fanfaron d'ingrate impiété,
Regarde froidement l'aile dévastatrice
Du temps qui sans répit bat ton front dévasté.

Seule ici, dans l'enclos de ton vieux cimetière,
Branlante en longs frissons sur tes faibles soutiens,
Tu mêleras bientôt, succombant tout entière,
La poudre de tes murs aux cendres des chrétiens.

Et penchant, aujourd'hui résignée à l'épreuve,
Ton clocher que du vent soufflètent les défis,
Tu n'as plus qu'un désir, le désir d'une veuve
Qui veut être inhumée au tombeau de ses fils.

# FLEUR DE VIOLETTE

Rien que des rameaux secs, rien que des feuilles rousses.
Seuls les petits bouleaux sous la bise ont encor
De jaunes brins dansant au bout des jeunes pousses,
Comme un folâtre essaim de gais papillons d'or.

Mais tandis que je songe au printanier décor
Que l'hiver fit crouler sous ses rudes secousses,
Quoi! je te trouve ici, blottie au sein des mousses,
O douce violette, ô rare et cher trésor!

Érigeant sa corolle ouverte et parfumée,
Elle sourit, parmi les débris de ramée,
En dépit des frimas de décembre vainqueur;

Sereine et consolante ainsi que l'espérance
Qui, malgré le tourment, l'épreuve, la souffrance,
Reste toujours fleurie en un repli du cœur!

## LE GIVRE

Par le sentier que j'aime à suivre,
S'épanouit chaque buisson
Sous l'hivernale floraison
    Du givre.

Quelle main magique, changeant
Le noir décor des jours sordides,
Mit ces filigranes splendides
    D'argent

Aux troncs géants qui vers la nue
Elancent leurs fronts chevelus,
Comme aux brins de l'herbe la plus
    Menue ?

C'est une éclosion d'Eden !
Dans la nature toute chose
Sous nos yeux se métamorphose
    Soudain.

J'admire du cœur et des lèvres.
O merveille ! une heure a suffi
Pour vous mettre tous au défi,
    Orfèvres,

— Vous que renomme votre art, tant
Prestigieux et tant habile,
D'en faire, en mille ans, en dix mille,
    Autant !

Et devant tel tableau je pense
Au pouvoir de ces Enchanteurs
Dont nous parlent nos vieux conteurs
    De France...

Alors que je vais, par ce coin
Du bois muet et solitaire,
Je crois être loin de la terre,
    Très loin ;

Très loin de ce monde où nous sommes
En proie à toutes vanités,
Où passent, sans fin ballottés,
    Les hommes ;

Tant sont étranges ces aspects
Où l'hiver sème avec largesse
Grâce, harmonie, éclat, richesse
    Et paix !...

Gamme du blanc : selon chaque arbre
Le givre est varié. Là-bas,
   est d'un ton que n'atteint pas
     Le marbre.

Sur l'arbuste qui garde encor
Des folioles jaune pâle,
Il a des nuances d'opale
     Et d'or.

Le chêne étale un épais givre
Qui, masquant ses feuillages roux,
Leur emprunte un reflet très doux
     De cuivre.

Et celui dont s'est recouvert
Le pin qui jamais ne s'incline,
Montre une teinte tendre et fine
     De vert.

Penchant leur tête ébouriffée,
Voici les bouleaux ressemblants
A de longs cheveux ruisselants
     De Fée....

Mais le Réel ne tarde pas
A couper les ailes du Rêve :
L'Illusion charmante est brève,
     Hélas !

Et quelle âpre mélancolie
Dans ce vieillard que j'aperçois
Tout givreux, sur un faix de bois
    Qu'il lie

Et qu'il emporte du côté
De sa hutte, pauvre demeure,
Où sa grande misère pleure
    L'été !

# GIROFLÉE SAUVAGE

Sur la grand'place du village,
Au milieu du cercle narquois
Dont les paysans de tout âge
L'entourent, soufflant sur leurs doigts,

L'homme que la misère efflanque
Fait ses gambades en plein air :
Entre deux tours du saltimbanque,
Quête une enfant au regard clair.

Lui, vraiment, face de carême,
Les os saillants sous le maillot,
Pauvre gueux, famélique, blême,
N'a pas tiré le meilleur lot.

Elle, fillette rose et gente,
A quelque chose de pensif
En sa prunelle intelligente,
Sous ses cheveux d'un ton d'or vif.

Et si gracieuse elle passe,
Dans la bise qui mord son cou;
Qu'au villageois rude et rapace
Elle arrache plus d'un gros sou.

Pareille à l'humble giroflée
Des vieux murs, que pare, malgré
Hâle de mars et giboulée,
Un si charmant bouquet doré.

La plante sauvage, aux crevasses
De la paroi qui se disjoint,
Fixe ses racines vivaces
Que l'humus n'alimente point :

Produit simple et franc de nature,
Nourri, libre, de l'air du temps;
Fleurette éclose sans culture,
Qui respire tout un printemps.

# NEIGE

La neige aux champs muets sème sa fine ouate :
Les brins calmes et mous au fond des sillons nus
Déposent sourdement des ferments inconnus
Par qui le germe neuf s'éveille, gonfle, éclate.

Après le Semeur blanc qui, du haut des nuées,
Fait sa tâche sans bruit, c'est le semeur humain
Dont le geste ample et sûr épanchera demain
La graine nourricière aux glèbes remuées.

Puis les jours passeront, tant que l'amas des gerbes
Fera des champs féconds la joie et la splendeur
Et l'homme bénira la généreuse ardeur
Du soleil qui met l'or dans les moissons superbes.

Mais l'âpre Hiver, l'Hiver à la barbe gelée
Concourt aussi dans l'ombre à l'œuvre des blés mûrs...
— Et toujours tombe, tombe en flocons doux et purs,
Silencieusement la neige immaculée.

# BRUIT DE CHAR

L'horizon, lac de pourpre où le soleil se plonge,
Blesse par trop d'éclat mes yeux endoloris :
Voici que des hauteurs l'ombre descend, s'allonge
Sur la plaine où déjà s'appellent les perdrix.

Et d'instant en instant le crépuscule ronge
Les dernières lueurs au flanc des coteaux gris :
Heure du vol muet de la chauve-souris ;
Heure où dans l'âme en paix éclot la fleur du songe.

Solitude et silence alentour... Seulement,
Du plus profond des bois obscurs un roulement
De chariot m'arrive en rumeur incertaine...

Sais-je pourquoi, le cœur serré sous un poids lourd,
Avec anxiété j'écoute ce bruit sourd
Et saccadé d'un char sur la route lointaine ?

## COUP DE VENT

———

Le vent sur le grand bois se lève.
C'est d'abord un bruissement
Léger, subtil, vague, endormant,
Comme un vol d'ailes dans un rêve !...
— Oh ! l'éveil des premiers frissons
Au fond de l'âme vierge encore,
Plus gai qu'un babil à l'aurore
Dans un nid de jeunes pinsons !

Le vent grandit dans les ramures :
C'est un chœur de vives chansons
Qui se brodent en joyeux sons
Sur la trame des doux murmures...
— Oh ! le chant des pures amours,
Dans l'âme noyée aux ivresses
Des espérances charmeresses !
Oh ! l'allégresse des beaux jours !

Le vent mugit et se lamente :
Rauque hurlement de fureur !
La forêt tremble de terreur
Sous le fléau de la tourmente...
— Oh ! l'âpre choc des passions,
L'orage fatal et néfaste
Qui flagelle, blesse, dévaste
L'âme en proie aux convulsions !

Le vent se modère et s'apaise ;
Sur les ruines il s'endort,
Et c'est un silence de mort
Qui sur la forêt tombe et pèse...
— Oh ! le calme aride et trompeur
En l'âme déchue et meurtrie
Qui, pour longtemps endolorie,
Va s'engourdir dans la torpeur !

## SEPTEMBRE

Septembre est venu : résonnez, musettes !
Les beaux amoureux dont le cœur se fond
S'en vont, sous l'abri du taillis profond,
S'en vont en dansant cueillir les noisettes

Vendange !... oh ! les gais labeurs, qui vous font
Plus ardents regards, mines plus rosettes,
Brunes Madelons et blondes Suzettes !
Des cuves déjà bouillonne le fond.

Aux accents du cor sonnant sa fanfare,
Dans les halliers verts le lièvre s'effare
Et, de longs espoirs grisant son cerveau,

Le semeur, joyeux d'achever sa tâche,
Se promet de prendre un jour de relâche
Pour goûter bientôt le clair vin nouveau.

# TRISTESSE D'HIVER

*A Armand Beauvais.*

Janvier morose et froid. La nue est lourde et basse.
Parfois un coup de vent, cinglant comme un fouet, passe
Sur les coteaux avec un morne hurlement
Qu'un silence de mort étouffe brusquement.
Frissonnant, le dos rond, les yeux rouges, le pâtre
S'en va menant ses bœufs au pelage blanchâtre
Et ses moutons bêlants par le champ dévasté.
Il songe : combien douce, aux frais matins d'été,
L'alouette égrenant sa chanson tant jolie !...
Et le pâtre l'évoque avec mélancolie :

> « Alouette, là-haut, là-haut,
> Va prier Dieu qu'il fasse chaud,
> Pour les pâtres qui, sous la bise,
> Traînent, peu vêtus, mal nourris,
> Leurs guenilles de toile bise
> Dans les *gâtines* sans abri ! »

La voix sanglote avec un accent de prière.
Tous les pâtres errants dans la vaste bruyère
Chœur dolent, font écho, de leurs lèvres que mord
Et gerce sans pitié l'âpre souffle du nord.
Là-bas, une fumée en spirales s'élève
Des toits lointains ; le pâtre y fixe les yeux, rêve
A l'âtre bienfaisant qui fait le teint vermeil.
C'est surtout ton foyer qu'il convoite, ô soleil,
Consolateur ami des dénûments rustiques ;
Il t'invoque selon les formules antiques :

> « Allume, allume enfin ton feu,
> Soleil béni, soleil de Dieu !
> Les pâtres sont en grand'misère :
> Réchauffe-les quand, morts de faim,
> Ils vont mangeant dans la jachère
> Leur tout menu morceau de pain ! »

Pâle et brève caresse au front levé du pâtre,
Sous un rayon la nue ouvre son flanc d'albâtre.
C'est l'heure où, des clochers épars, l'*Angelus* clair,
L'*Angelus* de midi s'envole, égayant l'air,
Avec son chant qui dit la vie et l'espérance,
Un instant, petit pâtre, oubliant ta souffrance.
Ouvre ton bissac, prends ton goûter, quelques noix,
Du pain noir, mange... puis, en soufflant sur tes doigts,
Chante encor, pour charmer ta tristesse profonde,
Tes incantations vieilles comme le monde !

TRISTESSE D'HIVER

# PÉRIL ÉTERNEL.

Eclosion d'avril... des nids, des chants, des fleurs !
Le gazon tend partout ses tapis niveleurs ;
Brodant de festons verts la plaine ensoleillée,
La feuille danse au vent. La nature éveillée
Frémit, fermente, éclate en un débordement
De puissance et d'amour. Gai, robuste et charmant,
Le printemps chauffe, agent de forces souveraines,
La sève en ses canaux et le sang dans les veines.

Eclosion d'avril... des nids, des chants, des fleurs !
Flots de lumière... rire aux lèvres... joie aux cœurs...
Renaissance ! Chaque être oublie en sa reprise
D'espérance, aspirant l'air fécond qui le grise,
Le grand souci de vivre, avec l'hiver parti...
— Mais le lapin qui tremble entend soudain, blotti
Dans l'herbe en touffe, comme au creux d'une émeraude,
Le cri traître et sifflant de l'épervier qui rôde.

# LES RUINES DU MONASTÈRE.

Le soleil baisse. Avec quelle mélancolie,
Rayant le front des bois d'un clair sillon de feu,
Il jette au couvent mort sa lueur affaiblie,
Comme un dernier regard, comme un baiser d'adieu !

La chapelle sans toits de jour en jour s'enfonce
Au fourré du hallier sans cesse grandissant ;
Le cloître disparaît sous l'ortie, et la ronce
Masque le cimetière et le cache au passant.

Rien, en ce lieu désert, ne trouble le silence,
Qui fut ici la règle aux siècles d'autrefois,
Sauf l'oiseau, le grelot qu'une chèvre balance
Ou le sonore appel d'un cerf errant au bois.

Le soleil s'est éteint. Voici que les ténèbres
Pénètrent l'air où lutte un reste de clarté
Et couvrent lentement, en suaires funèbres,
Le couvent que la vie a dès longtemps quitté.

Elles vont nivelant les vagues silhouettes,
Abattant tout relief et comblant tout repli,
Comme pour les noyer, ces ruines muettes,
Dans les gouffres obscurs de l'éternel oubli.

C'est ainsi que la nuit planant sur les décombres
Fait du couvent déchu l'ensevelissement ;
Mais ce qu'elle ne peut étouffer en ses ombres,
C'est la voix qui s'élève et parle hautement,

La voix des anciens jours, plus forte et plus austère,
La voix que rien, silence ou bruit, ne peut couvrir,
Qui longtemps murmurante aux murs du monastère
Crie encore aujourd'hui : Mon frère, il faut mourir !

# SILENCE DES ÉTOILES.

Je vais souvent, le soir, sur un tertre isolé
Contempler longuement l'espace constellé.

Le ciel, prodigieux abîme de lumière,
Etale à mes regards sa splendeur coutumière

Et, tout comme mes yeux, mon esprit satisfait
S'abreuve librement de ce spectacle fait

Pour l'admiration, la prière et l'extase...
Tout-à-coup je frémis, le mystère m'écrase,

L'effroi me prend, j'aspire un vertige avec l'air ;
Je me sens défaillir en mon âme et ma chair...

Silence des hauteurs immensément profondes,
O silence épeurant de l'infini des mondes !

# INTÉRIEURS

# INTÉRIEURS

---

## LEÇON D'ÉCRITURE.

---

Jeanne, grande fillette, aura quatre ans demain.
Pour faire ses débuts dans l'art de l'écriture,
Elle a pris un crayon et sa petite main
Sur le papier grinçant le pousse à l'aventure.

Il va de droite à gauche, il va de haut en bas.
Elle est grave, son front très appliqué se penche...
Le résultat pourtant ne la satisfait pas,
Quand elle a gribouillé toute la page blanche.

Et les sourcils froncés, de ses doigts mécontents
Repoussant le crayon, dédaigneuse et sévère :
« Ecrire, quel travail ! Pour perdre ainsi son temps,
Il faut vraiment n'avoir rien autre chose à faire ! »

# LE VIEUX SOLDAT.

Dans la salle assombrie aux approches du soir,
Où la faïence claire éclate en blanches taches,
Se tient près d'un vieillard aux épaisses moustaches,
Attentif et debout, un enfant à l'œil noir.

Il a vu six printemps fleurir; à sa ceinture
Il porte fièrement un beau sabre de bois.
Le grand-père, soldat en Afrique autrefois,
Se plaît à lui conter mainte rude aventure.

Par son propre récit lui-même est captivé
Tant qu'il laisse sa pipe entre ses doigts s'éteindre. —
... Donc l'ennemi tient bon là-haut... il faut l'atteindre
Et voici de l'assaut le moment arrivé.

Pif ! paf ! il pleut du plomb... Boum ! boum ! le canon tonne.
Trompettes et tambours... C'est la charge... en avant !
— Le grand-père a bondi dans la poudre, et l'enfant
Sent battre et s'exalter son cœur neuf qui s'étonne.

... Dans leurs longs burnous gris, sur leurs petits chevaux
Les Arabes fuyants s'en vont d'un pas agile.
Les vainqueurs sont entrés le jour même en la ville
Au son de la musique, au milieu des bravos !...

Le vieux jusqu'à demain peut sur ce point s'étendre :
Le silence pourtant se fait... le narrateur
S'est arrêté, pensif, tandis que l'auditeur
Rêve muet et grave à ce qu'il vient d'entendre.

L'un voit, comme devant un décor théâtral,
Défiler son passé... De si hauts faits de guerre
L'autre est émerveillé... — Mais tout-à-coup : « Grand-père,
Dit le gamin, pourquoi n'es-tu pas général ? »

## L'AIEULE AU ROUET.

Ah ! qu'aux longs soirs de décembre,
Enfant, j'aimais à veiller
En voyant dans la grand'chambre
Les fileuses travailler !...
A quatorze ans, pour étrenne,
Au lieu d'un simple jouet,
Je reçus de ma marraine
— Quelle joie ! — un beau rouet.

Ron ron ron, vire, vire,
Ron ron ron, toujours !
Dans ses mille et mille tours,
Il chante, gémit, soupire,
Mon joli rouet qui va, qui va, qui vire,
Mon joli rouet qui vire et va toujours.

Gaie autant qu'une alouette
Aux clairs matins de printemps,
Ou triste, sombre et muette,
Durant plus de soixante ans,

J'ai filé ma peine amère,
J'ai filé mes rêves d'or,
Fille, épouse, veuve, mère,
Aïeule, je file encor.

Ron ron ron, vire, vire,
Ron ron ron, toujours !
Dans ses mille et mille tours,
Il chante, gémit, soupire,
Mon joli rouet qui va, qui va, qui vire,
Mon joli rouet qui vire et va toujours.

Il disait dans ma demeure
La chanson de l'avenir ;
Il me murmure à cette heure
Le refrain du souvenir.
En silence je l'écoute
Et de ma main qui faiblit
Je file aujourd'hui sans doute
Le drap de mon dernier lit.

Ron ron ron, vire, vire,
Ron ron ron, toujours !
Dans ses mille et mille tours,
Il chante, gémit, soupire,
Mon joli rouet qui va, qui va, qui vire,
Mon joli rouet qui vire et va toujours.

# LE BONHOMME NOEL.

C'est le soir de Noël. La neige sur la terre
A tendu son tapis protecteur des guérets. —
Le salon du château prend un air de mystère :
Pourquoi se ferme-t-il aux regards indiscrets ?
Là, pour les trois enfants, la surprise s'apprête ;
Sans doute espèrent-ils leur Arbre accoutumé ;
Mais changeant, cette fois, le décor de la fête,
En bonhomme Noël le papa s'est grimé.

Il est enveloppé d'une soutane blanche,
Sur ses longs cheveux pose un bonnet de carton ;
Une barbe chenue en onde qui s'épanche,
Jusqu'au milieu du corps, lui tombe du menton.
Appuyé des deux mains sur un bâton, il porte
Une hotte garnie — ô joie ! — et dont l'ampleur
A peine à contenir bonbons de toute sorte,
Jouets de toute forme et de toute couleur.

Du salon convoité les portes enfin s'ouvrent :
Feu de bengale, accord de piano voilé...
Oh ! l'émerveillement des petits qui découvrent
L'étrange vieillard blanc, tout-à-coup révélé !
Ils sont d'abord béants et muets de surprise ;
Le bonhomme a l'air bon, quoiqu'un peu solennel...
Mais vite en leurs regards brille la convoitise
Des trésors dont s'emplit la hotte de Noël.

La plus jeune — quatre ans — reste insensible aux charmes
Du Bébé rubicond, du Pantin biscornu ;
Elle est triste, à ses cils perlent même des larmes...
Papa ! murmure-t-elle... elle l'a reconnu.
Et chacun la caresse ; on tire de la hotte
Ce qu'elle a de plus beau, qu'on étale à ses yeux :
« Et tu pleures, pourquoi ? » — D'une voix qui sanglote,
« C'est que papa, dit-elle, est devenu trop vieux. »

# LA CONSIGNE.

J'arrive à la demeure amie et, dès le seuil,
Le vieux chien familier accourt à moi, s'empresse ;
L'œil soumis, me léchant les mains, il me caresse,
Joyeux de ma venue et fier de son accueil.

Personne... on est sorti ; la maison est déserte...
Sorti pour un instant, puisque rien ne défend
Le berceau si fragile où sommeille un enfant
Et que, là, j'entrevois par la porte entr'ouverte.

Donc entrons, j'attendrai qu'on revienne. — Voilà
Que sans bruit je m'avance et vais pousser la porte ;
Mais le chien renfrogné n'est plus d'humeur accorte,
Il m'en barre l'accès en grognant : halte-là !

Fidèle à sa consigne, il l'observe ; il menace ;
Sa charge est de veiller sur l'enfant endormi ;
Dans ce rôle le chien ne connaît pas d'ami :
« Fussiez-vous le petit Caporal, nul ne passe ! »

# GOUTTES DE PLUIE.

Claquemuré dans ma chambre morose
Qu'éclaire mal le maigre jour qui luit,
J'entends pleuvoir.. le soir vient, puis la nuit :
Il pleut toujours sans secousse et sans pause.

L'averse froide enfin cesse au matin ;
L'eau du toit tombe et goutte à goutte tinte,
Comme une cloche à la voix presque éteinte
Qui pleurerait un glas lointain, lointain.

Et je l'entends goutte à goutte qui tombe
Par le chéneau, tel un tocsin voilé
Avec un bruit d'airain sourd et fêlé
Ou tel un glas qui viendrait d'outre-tombe.

Sonne-t-il donc pour le deuil de mon cœur ?
Sous un linceul d'âpre mélancolie,
Là, j'ai des morts : jeunesse ensevelie,
Rêves glacés par le réel moqueur,

Illusions qui semblaient éternelles,
Amours naissants immolés par le Sort,
Espoirs joyeux prêts à prendre l'essor
Lorsqu'un éclair leur a brûlé les ailes!...

Et dans le vent dont le souffle grinçant
Passe en à-coup sur le toit qu'il essuie,
Toujours le bruit de ces gouttes de pluie,
Toujours ce bruit m'obsède en m'angoissant !

LA GRAND'MÈRE

# LA GRAND'MÈRE

*A Urbain Bourgeois.*

La fenêtre est bien close. Au dehors court la bise.
Devant le feu qui flambe en joyeuse clarté,
Dans son fauteuil fané la grand'mère est assise ;
Deux blondins frisottants s'amusent à côté.

O la belle toupie aux fleurs d'or... et ronflante !
C'est le jouet nouveau que l'aïeule a donné...
Elle, tout près de l'âtre, à demi somnolente,
Tient sur un livre ouvert son front pâle incliné.

Le livre d'Heures tombe ; elle est presque assoupie,
Le foyer l'engourdit à sa douce chaleur...
— Mais les enfants sont las d'agiter leur toupie,
Ils ont imaginé de jouer... au voleur.

L'un, coiffé d'un journal en chapeau de gendarme,
Poursuit l'autre qui fuit... Qui criera le plus fort ?
C'est un bruit d'ouragan, un tumulte, un vacarme
Infernal, un tapage à réveiller un mort !...

La bonne aïeule a fait des remontrances vaines ;
Menaces sans effet, reproches superflus !
Maintenant la grand'mère a l'air d'avoir des peines,
Sa mine est sombre et triste, elle ne sourit plus.

En dessous les bambins l'observent : son silence
Mécontent inquiète un peu les petits fous.
Ils s'approchent, câlins... Soudain chacun s'élance
Et les voici tous deux grimpant sur ses genoux.

L'aïeule grave encor, mais ne résistant guère,
Encourage plutôt l'assaut audacieux,
Car les pleurs attendris qui mouillent sa paupière
Ne lui permettent plus de faire les gros yeux.

# LOGE DE CHARBONNIER

A l'heure brûlante où la sieste est douce,
Où pas un oiseau ne dit sa chanson,
Le charbonnier dort sur un lit de mousse,
Dans sa loge en cône au toit de gazon.

Le jeune dormeur tout à coup s'agite ;
Rêve-t-il ?... Il ouvre à demi les yeux,
Saute à bas du lit, court au seuil du gîte,
Et reste immobile et semble anxieux.

C'est que, pénétrant dans la hutte ouverte,
Un souffle de brise apporte la voix
Des filles qui vont, par la sente verte,
Cueillir en chantant les fraises des bois.

Or il en est une, entrevue à peine,
Dont il ne sait rien que le nom : Lila,
Mais qui tient déjà son cœur à la chaîne,
Et c'est pour la voir passer qu'il est là.

# A LA VITRE

Par la vitre embrumée où s'incline ma tête,
Je vois tourbillonner la neige éperdument,
Et de la terre, où passe en pleurant la tempête,
Se faire brin par brin l'ensevelissement.

Ainsi du deuil en moi sanglote la tourmente,
Quand tombent par essaims, du ciel de mon passé,
Les sombres Souvenirs dont la neige inclémente
Étend sur mon cœur, oh ! quel suaire glacé !

# CHAMBRE DE MALADE

*A François Coppée.*

Le pauvre enfant aux yeux doux
Que le mal sans pitié ronge,
Entre deux quintes de toux
Se tient immobile, et songe.

Il songe aux groupes chantants
Qui s'en vont, le long des sentes,
Fêter le nouveau printemps
Et les verdures naissantes.

Il songe... si l'on ouvrait
Toute grande la fenêtre,
L'air du matin pur pourrait
Lui donner quelque bien-être.

Et la mère au cœur aimant
Qui d'un œil plaintif le couvre,
La mère court promptement
A la fenêtre qu'elle ouvre.

Les brises au gai babil
Soudain entrent dans la chambre
Avec le soleil d'avril
Qui fait oublier décembre.

L'abeille, rythmant son vol,
Bourdonne auprès du malade ;
Au dehors, le rossignol
Fait résonner sa ballade.

Oiseaux teints d'azur et d'or,
Rouge poitrail, aile verte,
Viennent, vont, viennent encor
Jusqu'à la fenêtre ouverte.

L'éclosion qui d'en bas
En mille senteurs s'élève,
Les arômes des lilas,
Les effluves de la sève,

Tout le renouveau charmant
Débordant d'effervescence,
Splendeur du rayonnement,
Gaîté de la renaissance,

Chœur de la terre aux cent voix,
Indescriptible merveille,
Envahissent à la fois
La chambrette où la mort veille !

Le pauvre enfant amaigri,
Blanc d'une blancheur de cire,
Est heureux ; il a souri :
Voilà tout ce qu'il désire.

Puisqu'il ne peut aller voir
Le Printemps dans son domaine,
C'est lui qui va recevoir
L'hôte ami qu'avril ramène.

Il se sent le cœur plus chaud,
Gonflé d'un afflux de vie,
Heure brève, hélas ! bientôt
D'un triste retour suivie !

Car le souffle exubérant
De ce fol printemps en fête,
Comme un vin trop enivrant
Lui monte vite à la tête...

Mais le soleil à demi
Voile sa flamme trop vive,
Et le vent semble endormi,
L'abeille paraît craintive ;

Rossignols, chardonnerets,
Voletant à la croisée,
Ont des refrains plus discrets
Dans une note apaisée.

On dirait que tous, devant
Son sort qui les apitoie,
Veulent mettre pour l'enfant
Une sourdine à leur joie,

Attentifs et n'osant pas
Chanter tout haut leur aubade,
Comme on marche à petits pas
Dans la chambre d'un malade.

# SEMPERVIVUS

Chère âme, Avril revient. Ses ailes frémissantes
Frôlent les bourgeons verts dans les bois rajeunis.
— O bonheur ! nous irons tout seuls le long des sentes,
L'un sur l'autre appuyés, dans la rumeur des nids.

L'hiver au front chenu, trop tôt fauchant les roses,
Des feuillages pâlis jonchera le chemin.
— Nous verrons sans frayeur passer les jours moroses,
Au foyer, côte à côte et la main dans la main.

Si la paix éphémère, hélas ! nous est ravie,
Puisqu'il n'est pas d'asile où n'entre le malheur ?...
— Nous nous partagerons le fardeau de la vie ;
A deux nous serons forts pour subir la douleur.

Et l'ennemi fatal qui, de sa main traîtresse,
Marquera l'un de nous pour le frapper d'abord ?...
— Le feu pur et sacré de la même tendresse
Brûlera dans notre âme en dépit de la mort.

Et quand elle viendra, couronnant son ouvrage,
Mettre le survivant dans la tombe à son tour ?...
— Alors nous n'aurons plus à craindre son outrage,
Réunis à jamais dans l'éternel amour !

# REPOS

Si vous voulez la voir, tranquillement couchée
Sur son lit virginal, entrez à petits pas ;
Passez sans bruit le seuil de la chambre jonchée
Des fleurs qu'elle aimait tant, mais ne l'éveillez pas.

Elle dort dans l'oubli de la souffrance, — blanche
D'une blancheur pareille au lin de l'oreiller ;
Ses yeux sont clos, ses mains jointes, son front se penche,
Elle repose enfin... N'allez pas l'éveiller.

La douleur la marquait comme un autre baptême,
Mais la Libératrice est venue, et ses bras
Maternels la berçant pour le sommeil suprême
L'ont calmée : elle dort... Ne la réveillez pas !

# RETOUR

Il revient donc enfin, l'absent, dans sa demeure
Qu'occupent dès longtemps le silence et le deuil.
Quoi ! trente ans ont passé depuis que sonna l'heure
Où, pour courir le monde, il en franchit le seuil !
Ah ! quelle émotion possède tout son être !...
Rien n'a changé : voici la treille aux raisins mûrs ;
Le rosier de Bengale encadre la fenêtre
Et le lierre s'accroche aux lézardes des murs.

Il entre... et, vain jouet d'un rêve, il croit revivre
Ses retours d'autrefois quand, au bruit de ses pas,
Le père, en son fauteuil assis, fermait son livre ;
Que la mère accourait, riante, ouvrant les bras :
C'est l'enfant espéré ! Caresse sur caresse...
Que le foyer natal le fête avec amour !...
Et la vieille servante en trottinant s'empresse,
Et le chien familier jappe au fond de la cour.

Les amis disparus, chaque être, chaque chose,
Il les retrouve encor... Soudain, sur le miroir,
Un instant son regard enchanté se repose :
L'homme anxieux recule, effrayé de se voir.
Courbé, tremblant, ridé, grimaçant, chauve, blême...
Le Réel a bientôt chassé l'Illusion.
Quoi ! c'est lui, ce vieillard ? Quoi ! c'est lui ? c'est lui-même.
Adieu la décevante et douce vision !

Ce n'était qu'un mirage ! O vous, ombres si chères,
Dont s'abuse un moment le cœur épanoui,
Si frêle est le réseau de vos trames légères
Que rien n'en reste, rien ; tout s'est évanoui.
— Des affres sans pitié frôlent son front livide,
Et quel frisson de mort, quand il s'est retrouvé
A ce foyer muet, dans cette maison vide,
Comme enseveli, seul, tout seul, ayant rêvé !

# LE GUEUX

Il neige. Le vent souffle en rage. Au cabaret
Trois joyeux compagnons, à mines peu sévères,
Avec devis plaisants hument le vin clairet,
Le vin gai qui glougloute en tombant dans les verres.

Paisiblement assis, les trois Roger Bontemps
Trouvent qu'on peut, malgré la froidure et le givre,
Sans trop d'impatience attendre le printemps
Et que, même en hiver, parfois il fait bon vivre.

Le bois flambe au foyer, dans la salle épandant
Une sensation d'égoïste bien-être
Qui retient les buveurs attablés, cependant
Qu'ils voient les blancs flocons danser à la fenêtre.

Soudain la porte s'ouvre et, dans un coup de vent,
Encor tout ahuri du fouet de la bourrasque,
Entre un homme traînant ses pieds lourds, soulevant
Son chapeau, secouant la neige qui le masque.

C'est un pauvre passant aux cheveux déjà gris.
Ses yeux noirs et profonds brûlent de flamme étrange ;
Un bras lui manque ; il est couvert du long débris
D'un manteau sans couleur qui se troue et se frange.

« Salut à tous ! dit-il en s'approchant du feu.
De mon actif sonnant j'ai vite fait le compte :
Rien ! Souffrez cependant que je m'arrête un peu ;
Pour un infirme, hélas ! misère n'est pas honte. »

— « Chauffez-vous, » répond l'hôte. — Et tendant ses doigts
Devant la bûche où rampe une lueur bleuâtre,          [gourds
L'homme se tait, rêvant peut-être à d'anciens jours
Plus heureux, assoupi par la chaleur de l'âtre.

« Hé ! l'ami, c'est pour toi ce grand verre à plein bord,
Dit l'un des trois buveurs d'un ton de bon apôtre ;
Quel beau vin ! mais il faut le mériter d'abord... »
— « Et quelques sous mignons avec, » reprend un autre.

Et le troisième : « Moi, si tu la gagnes bien,
J'irai, je t'en réponds, jusqu'à la pièce blanche...
Voyons, amuse-nous ! Tiens, jappe comme un chien...
Fais des grimaces... Là, saute sur cette planche ! »

Et de rire en versant le flot de vin vermeil.
Mais l'homme, sérieux et drapé dans sa loque,
Pauvre rêveur tiré de son demi-sommeil :
« Me prenez-vous pour un de ceux dont on se moque ? »

« Vos dons, je n'en veux pas ; conservez-les pour vous ;
Cherchez d'autres bouffons… Je le dis sans reproche,
Ah ! puissiez-vous avoir, je n'en suis pas jaloux,
Toujours du vin à boire et de l'argent en poche ! »

Et le gueux, dont la voix ne trahit rien d'amer,
L'œil froid, avec un air de dignité parfaite,
S'en alla vers la porte et, l'ouvrant calme et fier,
Dans la neige rentra sans retourner la tête.

*L. Legendre del.*

LE GUEUX

*H. du Verne del.*

ENVOUTEMENT

# ENVOUTEMENT
### (1580)

*A Louis Léger.*

Dans l'ombre du château puissant
Se tapit, demi-ruinée,
La hutte où le jour ne descend
Que par l'énorme cheminée.

Un grabat, planches et clayons,
Un coffre, un banc, une escabelle,
Où se tient assise, en haillons,
Une femme encor jeune et belle.

Cheveux épars, serrant les dents,
Elle enfonce, enfonce à son aise
Une longue épingle, dedans
Une image de terre glaise.

Et couvant d'un œil dur et sec
La figurine ainsi percée,
Elle clame sa plainte, avec
Des cris de lionne blessée :

« La grande Dame de la Tour
Dont l'œil flambe sous la paupière,
Jalouse et folle par amour,
Veut me ravir mon ami Pierre.

En une heure de déraison,
Malgré mes cris, malgré mes larmes,
Elle l'a fait mettre en prison,
Par ses archers venus en armes.

Le prieur du Moûtier, deux fois,
Est allé faire remontrance ;
Moi, j'ai prié devant la croix
Longtemps, longtemps... plus d'espérance !

J'implorais, pour avoir pitié,
Ma patronne et la sainte Vierge ;
J'ai déjà vu plus d'à moitié
Sans résultat fondre mon cierge.

Et maintenant — pardon, Jésus ! —
Je sens en moi la haine accrue
Monter comme l'eau, par-dessus
La digue, aux jours de haute crue.

O Louve, fille de Satan !
Des bas-fonds de mon indigence,
Voleuse d'hommes, souviens-t'en,
Contre toi j'ai juré vengeance !

Tu te crois sûre en tes abris,
En ton repaire retranchée,
Et quand je passe, avec mépris
Tu ris, à ton balcon penchée.

Quelle menace, quel effroi,
Si haut, si haut pourrait t'atteindre ?
Tremble pourtant, car je sais, moi,
Je sais que ton sort est à plaindre !...

Je suis allée au Bois-Maudit
Trouver l'Homme isolé du monde ;
Dans l'orage et la nuit, j'ai dit
Combien ma misère est profonde.

Tenez, videz ces deux paniers,
Tout ce que j'ai, je vous l'apporte,
Voici des sous et des deniers,
Il ne me reste rien... qu'importe !

Je n'ai plus rien... rien à manger...
Tant pis... prenez... je vivrai d'herbe,
Gaîment si je peux me venger
De la Dame injuste et superbe !

Me voyant possédée ainsi
De désespoir, le solitaire,
Pour alléger mon grand souci,
M'a fait une image de terre.

La voici : souvent, très souvent,
De cette épingle je la pique,
Un peu plus fort et plus avant
Chaque jour ; j'en sais la pratique.

Ah ! louve bonne aux crocs des chiens,
Je frémis d'aise quand j'y songe !
Oui, cette épingle que je tiens,
C'est dans ta chair que je la plonge.

Dans ta chair même, car c'est toi
Qui vis toute en cette effigie
Et j'ai cru déjà, sur ma foi,
Voir l'épingle de sang rougie.

Comme sans cesse à petit feu,
Tu vas mourant — je l'entends dire —
Je me console peu à peu :
Mon sort est triste, le tien pire.

Bientôt enfin le glas dans l'air
Annoncera que tu es morte...
Crève donc ! et qu'au feu d'enfer
Le diable ton maître t'emporte !

Ah ! quel bonheur quand tu seras
Couchée inerte dans ta bière,
De presser encore en mes bras,
Sauf et libre, mon ami Pierre ! »

# L'ENFANT ROSE

L'enfant rose ne peut dormir :
Sous le vent froid hurlant sa plainte
Il écoute le toit gémir...
Dors vite, enfant, c'est la nuit sainte...
    Noël ! Noël !

La bise brame et lui fait peur.
Pour chasser la vaine chimère
Qui met le trouble dans son cœur,
Auprès de lui chante sa mère...
    Noël ! Noël !

Soudain la cloche de minuit
Qui sonne clair dans la rafale,
Là-haut, vers l'étoile qui luit,
Lance sa clameur triomphale...
    Noël ! Noël !

Et, comme s'il sentait frémir
Un vol d'ailes qui le caresse,
L'enfant calmé va s'endormir,
Bercé par les sons d'allégresse...
Noël! Noël!

Petit enfant rasséréné
Repose en paix ta tête blonde
Et dors sans peur : ton frère est né,
Un autre enfant, sauveur du monde...
Noël! Noël!

# L'ENFANT DE LA VEUVE

—

Rigide en son linceul et cloué dans la bière,
On vient de déposer l'homme en son dernier lit ;
Aux suprêmes clartés du soleil qui pâlit,
Le peuple recueilli quitte le cimetière.

La jeune veuve embrasse — oh ! quelle étreinte amère ! —
Dans la chambre de deuil où tout son cœur faiblit,
Son enfant de quatre ans qui se tait et qui lit
L'angoisse atroce écrite au regard de la mère.

Elle se sent mourir, en proie à cent vautours.
Sa détresse s'exhale en gémissements sourds,
En mots brefs dont chacun lugubrement résonne :

— « Plus rien que ma faiblesse avec mes désespoirs !
Oh ! seule !... Pour m'aider, personne, non, personne !... »
— « Et moi ? » dit gravement l'enfant aux cheveux noirs.

# PAYS ET PAYSE

—

*A Stéphen Liégeard.*

Pauvre petit soldat paysan, France est seul
De son village. Il a quitté pour la caserne
Le vieux logis, près de la source, au pied du verne,
Où vient en juin s'asseoir, cherchant l'ombre, l'aïeul.
Ce fut dur. Tout un an, semaine par semaine,
Bien plus perdu dans ce désert de foule humaine
Que dans la forêt vaste où quelquefois ses pas
S'égarèrent, son cœur ne se consolait pas.
Mais un jour qu'il errait, soucieux et morose,
Le hasard généreux sur son chemin a mis
Sa voisine des champs, blondine à mine rose
Qu'il rencontrait naguère aux danses du pays.
Quelle surprise!... Quoi! c'est toi, Reine? — Et toi, France?
Et depuis ce moment, dans sa désespérance
Un rayon de gaîté consolatrice a lui:
Le soldat n'est plus seul à la ville aujourd'hui.

Fleurette de la lande au sol natal ravie,
Reine est fille d'auberge et, comme France, envie
Le hameau paternel si calme... Aussi, tous deux,
Sont-ils de se revoir également heureux.
Ils restent six longs jours séparés ; le dimanche,
Enfin l'on se retrouve et l'on prend sa revanche.
France accourt, sitôt libre, à l'auberge et, sous l'œil
Bienveillant du patron qui lui fait bon accueil,
Lorsque la clientèle est moins pressante, on cause,
D'abord, indifférents, de chose et d'autre chose,
Puis l'entretien se fixe, et, dès lors, pas un mot,
Non, pas un qui n'ait trait à leur pauvre hameau.
« Quand le reverrons-nous?... France, as-tu des nouvelles? »
— « Oui ; Jean du Grand-Domaine a coupé ses javelles ;
Lazare est mort ; Simon, du service est rentré.
Jeanne, la gouvernante à monsieur le Curé,
Est bien malade... Et toi, que me diras-tu, Reine? »
— « Voici ce que m'apprend d'avant-hier ma marraine :
Annette se marie et prend Cyr le meunier ;
Belle noce ; on fera le bal dans le grenier.
Guillaume rompt avec la petite Marie ;
L'argent... pas assez riche... elle en est bien marrie...
Et tu sais maintenant tout ce qui m'est écrit. »
On répète, on commente, on bavarde et l'on rit,
Puis on se tait... le rêve emporte leurs deux âmes
Là-bas, au cher village ; ils voient les vieilles femmes
Assises sur les bancs, gardiennes des maisons,
Tandis que la jeunesse est allée aux moissons.

O les champs familiers ! la vision sereine !...
Mais la patronne appelle, impatiente : Reine,
Entends-tu ? faut-il donc dix fois te commander ?
La jeune fille accourt, et France, pour l'aider,
A quitté sa tunique et retroussé sa manche.

Ainsi passe et revient pour eux chaque dimanche,
Et trop lente s'en va la semaine à leur gré.
Maintenant le soldat pense, le cœur serré,
Qu'il faudra, seul sans doute, un jour quitter la ville.
L'amour n'a pas encore en leur duo tranquille
Jeté sa note douce et troublante à la fois.
Il couve en eux pourtant, il fait trembler leurs doigts,
Il brille en leurs regards, il agite leurs lèvres ;
Et de ces simples cœurs bientôt, sans folles fièvres,
L'amour naïf et vrai, celui que Dieu bénit,
Prendra l'essor, comme un oiseau qui sort du nid.

# JOIE

Elle, qui d'ordinaire est triste, chante et joue
Depuis hier, avec son enfant : la gaîté
Met la flamme en ses yeux, la roseur à sa joue,
Dans la chambrette ouverte au grand soleil d'été ;

La chambrette souvent fermée et monotone,
D'où tant de cris joyeux débordent aujourd'hui
Que tout le voisinage attentif s'en étonne...
Quel rayon sur ton âme, ô jeune mère, a lui ?

C'est que l'absent sur qui pose son espérance,
Le fier soldat, — ton père, enfant qui vis le jour
Depuis qu'il s'en alla, sous les couleurs de France,
Aux pays d'outre-mer, — annonce son retour.

Retour sûr et prochain. — Cependant, à cette heure,
Un blessé sanglant tombe en un ravin là-bas.
Ce mari... sans l'attendre, ô jeune femme, pleure !
Ce père, ton enfant ne le connaîtra pas !

# DANS LA TOUR

Par l'étroite et basse fenêtre
Percée au plus haut de la tour,
Dans la cellule ne pénètre
Qu'un pâle et froid filet de jour.

Le prisonnier dont la détresse
S'enferme en ces tristes parois,
Parfois se hisse avec adresse
Jusqu'aux barreaux scellés en croix.

Ses regards altérés d'espace
Plongent dans le vide, pour voir
Flotter le nuage qui passe,
S'enfuir en fumant le train noir.

Puis, dans la solitude et l'ombre,
Il retombe plus lourdement,
Et son réduit paraît plus sombre
Et son destin plus opprimant.

Or, ce printemps, par aventure,
Entre le montant de granit
Et la grille de l'ouverture,
Un couple ailé bâtit son nid.

Grâce du ciel inopinée !
L'oiseau, d'abord effarouché,
A tout moment de la journée
Voit son ami vers lui penché.

Il chante : la cellule où pèse
D'ordinaire un calme de mort
S'anime ; à la voix qui l'apaise,
Le reclus s'éveille et s'endort.

Lien qui le rattache au monde,
Lueur d'étoile dans sa nuit !...
Et sa misère est moins profonde,
Moins désespéré son ennui !...

Hélas ! une pensée amère
Etreint son cœur, pâlit son front :
Emportant sa joie éphémère,
Bientôt les oiseaux s'en iront.

Dieu sait s'ils reviendront encore
Le consoler par leur chanson,
Eclairer d'un reflet d'aurore
Les ténèbres de sa prison !

# LE VENT QUI PASSE

« Maman, qui frappe à la porte ? »
— « Enfant, c'est le vent d'hiver,
Et sa rude haleine emporte
La neige qu'il sème en l'air. »

— « Il se plaint, ô mère, écoute !
A-t-il froid ? » — « Il est glacé. »
— « Il voudrait entrer ? » — « Sans doute,
Mais notre huis est bien fixé. »

Un silence. — La fillette
Sanglote tout doucement.
« Quoi ! dit la mère inquiète,
Tu pleures ? » — « Maman, maman,

Lui répond-elle à voix basse,
C'est qu'on ne veut pas ouvrir
Au vent sans abri qui passe
Et, de froid, doit tant souffrir ! »

# GARDE-MALADE

La grand'mère est gisante au lit, malade. Seule,
La fillette est assise auprès de sa maman,
Et, comme elle là voit sans bruit soigner l'aïeule,
Elle est là bien tranquille et se tient sagement.

Elle a quatre ans : jaseuse et folâtre et rieuse,
Tout bruit, tout mouvement, tout flamme et tout ébats !
Mais elle est aujourd'hui muette et sérieuse :
La grand'mère est malade et l'enfant ne rit pas.

La porte s'ouvre ; c'est Anna, la sœur aînée :
« Fillette, je t'emmène, il fait un soleil clair,
Viens vite, profitons de la belle journée. »
— « Va, dit la mère, va, mon enfant, prendre l'air. »

Mais d'un œil important, l'enfant qui la regarde :
« Anna, ne m'attends pas, dit-elle, pour partir.
Grand'mère est trop malade, il faut que je la garde ;
Tu vois qu'en ce moment je ne peux pas sortir ! »

# CLAUDINE

*A M<sup>lle</sup> Alexandrine Mathieu.*

Dans sa chambrette, au village,
Dans sa chambrette aux murs gris
Que pare d'un gai feuillage
La treille aux festons fleuris,

Claudine songe sans cesse,
Dès qu'elle a les yeux ouverts,
Même en rêve, à la kermesse
Qui se prépare à Nevers.

Jeux et danses, quelle fête
Et quel essaim de désirs
Bourdonne en sa blonde tête
Qui tourne au vent des plaisirs !

C'est qu'on parle de féeries,
De merveilles, où longtemps
Se bercent les rêveries
De ses riants dix-huit ans.

CLAUDINE

Demain, de ce jour de joie,
L'aube attendue éclora...
Déjà Claudine déploie
La toilette qu'elle aura,

Car il faut qu'elle soit belle,
Pour que Germain, son galant,
Là-bas ne regarde qu'elle
En costume rose et blanc.

# CHAMBRE MORTUAIRE

Enfin du vieux soldat blémit la face fière,
La Mort qu'il défia si longtemps l'a touché :
Près du lit où la faux sans merci l'a couché,
Son corps inanimé repose dans la bière.

Sous les plis du drapeau de France aux trois couleurs,
Une pieuse main voila les ais funèbres ;
Disputant le cercueil à l'assaut des ténèbres,
Un double cierge épand ses fumeuses lueurs.

Le grand silence endort, pour la triste veillée,
La chambre mortuaire ; il semble seulement
Qu'à travers l'étendard passe un frémissement,
Comme la brise au bois caressant la feuillée.

Est-ce un souffle du vent forçant l'huis mal fermé ?
Ou ne serait-ce point plutôt l'âme du brave
Qui s'attarde, pourtant libre de son entrave,
En un adieu suprême au drapeau tant aimé ?

# RÊVES ET SOUVENIRS

# RÊVES ET SOUVENIRS

## LE RÊVE

Le rêve aux ailes d'or berce mon cœur qu'il hante.
En plein air il voltige avec le papillon,
Il fredonne dans l'âtre avec le noir grillon,
Il pleure dans le vent, dans l'onde vive il chante.

Riant à la fillette accorte et diligente,
Joyeux avec la gerbe ou la fleur du sillon,
Attristé sous la neige et devant le haillon,
Le doux charmeur toujours me caresse et m'enchante.

Il a de purs trésors d'allégeance pour ceux
Qu'il guide en son domaine étrange et merveilleux ;
Aux combats journaliers il apporte une trève ;

Et je te plains, mon frère, ô lutteur d'ici-bas,
Que le Réel étreint au point de n'avoir pas
Un instant de la vie à garder pour le Rêve.

# NOËL DES PATRES

Allons, pasteurs des hameaux,
    En cérémonie
Prenons tous nos chalumeaux
    Et de compagnie
Partons en chantant: là-bas,
    Tirelirelire,
L'Enfant est né; n'a-t-on pas
    Deux mots à lui dire?

Jésus, beau petit Jésus,
    Doux au pauvre monde,
Vous voilà couché dessus
    La litière blonde.
Or nous venons, bonnes gens,
    Tirelirelire,
Ayant vu, quoique indigents,
    Votre étoile luire.

Grande est notre joie ; encor
    Serait bien plus grande
Si nous avions un trésor
    Pour vous faire offrande.
Mais nous ne possédons rien,
    Tirelirelire ;
Nos cœurs, c'est tout notre bien :
    Recevez-les, Sire.

Nos chants ont rempli les airs
    Sous le vent de neige ;
Oyez donc les plus beaux airs
    De notre cortège.
Nous parlons mal ; les chansons,
    Tirelirelire,
Expriment en joyeux sons
    Ce qu'on ne sait dire.

— Vers Jésus, baissant le chef
    Auprès de Marie,
Humblement priait Joseph
    A barbe fleurie.
L'Enfant ami des pasteurs,
    Tirelirelire,
Remerciait les chanteurs
    Avec un sourire.

# POUR UN TABLEAU D'ANTONY RÉGNIER

Ce n'est pas le pays où fleurit l'oranger
Que pleurent tes regrets, blonde Mignon d'Alsace,
Qui dans ta foi constante et ton amour vivace
Emigras, triste et ferme, au rivage d'Alger.

La petite maison natale, le verger,
Le jardin qui fleurit, le houblon qui s'enlace...
O souvenirs sacrés dont pas un ne s'efface !
O doux appels du sol que foule l'étranger !

Tes yeux songeurs souvent ont suivi dans l'espace
L'hirondelle en avril ou le vaisseau qui passe...
Quand donc luira pour toi l'aurore du retour ?

Quand la reverras-tu, ton Alsace de France ?
Ah ! ton cœur généreux garde son espérance ;
Tu n'as jamais douté d'y revenir un jour.

# LE CŒUR PRIS
### (Dialogue)

Petite Madelon, quand voudras-tu me rendre
Mon cœur trop confiant, mon cœur que tu m'as pris ?

— Eh ! que n'y veillais-tu ? Pourquoi le laisser prendre ?
Ton cœur, mon bel ami, pour moi n'a pas de prix.

Rends-le-moi tout au moins, si tu n'en as que faire,
Au lieu de le tenir captif en tes filets.

— M'occuper de ton cœur, ce n'est pas mon affaire,
Et, ma foi ! si tu perds tes trésors, cherche-les !

Mon pauvre cœur ressemble à l'oiseau du bocage
Qui tombe, doux chanteur, dans le piège apprêté.

— Ne crois pas toutefois que je le mette en cage ;
Je n'ai rien résolu contre sa liberté.

Adieu donc, Madelon, tristement je te quitte,
J'abandonne mon cœur esclave en ton lien...

— En dédommagement — mais me tiendras-tu quitte ? —
Galant, méchant galant, je te donne le mien.

## RÉUNION

Gothon chaque jour mène paître,
En chantant par les verts chemins,
Le petit veau qu'elle a vu naître
Et qui vient manger dans ses mains.

C'est le plus doux, le moins volage,
Le plus sûr de ses favoris :
Mais Gothon s'ennuie au village
Et Gothon rêve de Paris ;

Si bien que, quittant la vallée
Pour suivre, sans trop s'émouvoir,
Son bonnet qui prit sa volée
Par dessus les moulins, un soir,

Elle arrive, Gothon la brune,
A la ville où tendaient ses vœux.
Elle y demeure et fait fortune ;
Le veau grandit parmi les bœufs.

Le temps passe. Imprévu des choses !
La villageoise aux jupons courts
Et son élèvé aux naseaux roses,
Sont-ils séparés pour toujours ?

Non : tous deux, la belle et la bête,
Enrubannés de falbalas,
Se retrouvent, un jour de fête,
Elle déesse et lui bœuf gras.

*(Pour le journal « Au quartier latin » 1897.)*

## LE RIRE

Le rire clair et sain ne hante plus nos lèvres.
Le rire large et haut, joyeusement vibrant,
Ne sait plus, comme aux jours de l'aïeul calme et franc,
S'envoler de nos cœurs brûlés de folles fièvres.

Le rire où se mêlait liesse et réconfort,
Le rire, cordial pour la lutte prochaine,
Qui, détendant l'esprit oublieux de la peine,
Le rendait plus égal, plus tranquille et plus fort,

Lumineux, éclatant, plus vif qu'une fusée,
Sonore, épanoui, plus gai qu'un chant d'oiseau,
Plus frais que le premier bouton de l'arbrisseau,
C'était comme la fleur de l'âme reposée.

Notre sombre gaîté sonne faux. Aujourd'hui
Que nous errons sans but, privés d'espoirs suprêmes,
Inquiets, défiants de tous et de nous-mêmes,
Le rire, sous un vent d'âpre amertume, a fui ;

Et d'un ennui nouveau traînant le poids immense,
Nos fronts portent le sceau d'une morosité
Où, — Dieu garde nos fils de cette hérédité ! —
Plus d'un voit en tremblant des germes de démence.

# LA BALLADE DU COMTE LAMBERT

> ... S'habille en pèlerin,
> S'en va chercher sa mie
> Qu'est chez le sarrazin.
>
> *(Vieille complainte nivernaise).*

Le comte Lambert a gagné bataille ;
Dans son château-fort il est de retour.
Du haut des créneaux, inclinant sa taille,
Il sonde de l'œil les champs d'alentour.
Le comte Lambert est en grand' tristesse :
      La jeune comtesse
      N'est plus dans sa tour !

Le comte Lambert a perdu sa mie :
Tandis qu'au dehors il portait le fer,
Du noir Sarrazin la horde ennemie
De tous ses trésors a pris le plus cher.
Le comte Lambert a juré son âme
      De trouver sa Dame,
      Fût-ce dans l'Enfer.

Il part. D'un vrai pauvre il s'est fait la mine,
Il a d'un vieillard les pieds lourds et lents ;
Mendiant son pain, sans cesse il chemine
Avec un bâton sous ses doigts tremblants.
Son dos est cassé, sa tête se penche ;
    Sa barbe s'épanche
    En flots ruisselants.


Il marche longtemps ; il franchit les fleuves,
Les monts, les ravins ; du matin au soir
Il marche, n'ayant, contre tant d'épreuves
Pour se soutenir, qu'un suprême espoir.
Il marche... en son âme un seul penser roule...
    Enfin son pied foule
    Le pays du Noir.


C'est ici qu'il faut double vigilance.
Il arrive au but : sera-t-il déçu ?
Son cœur vaillant bat avec violence :
Sa mie est ici vivante, il l'a su.
Au château du Noir il frappe, il pénètre...
    Sans le reconnaître,
    Elle l'a reçu !

— « J'implore pitié, Dame, à mon passage ;
Je viens de très loin et je suis bien las...
Le comte Lambert m'a donné message,
J'apporte nouvelle, a-t-il dit plus bas.
Le comte Lambert est en grand' tristesse
        Et de sa comtesse
        Ne se guérit pas. »


— « Messager, soyez béni ! » répond-elle,
Et sa voix s'étouffe en un tel émoi...
« A mon cher époux je reste fidèle,
J'ai fait le serment de garder ma foi. »
— « S'il en est ainsi, clarté de ma vie,
        Toi qui m'es ravie,
        Oh ! reconnais-moi ! »


Elle le regarde et son cœur s'agite.
Le Noir entre alors : « Quel est ce Roumi ? »
— « Un pauvre, Seigneur, qui demande gîte. »
— « Qu'il mange à son gré, comme un hôte ami,
Mais qu'il parte après, sans ouvrir la bouche ;
        Son regard farouche
        Est d'un ennemi. »

Comme à le servir elle est occupée,
Le Noir est sorti : — « Tiens prêts pour demain
De forts éperons, dit-il, une épée,
Un cheval sellé, bridé de ta main :
Nous pourrons tous deux, dès l'aube, ô ma mie,
      De notre patrie
      Prendre le chemin. »


...Le comte Lambert a sa mie en croupe,
Le cheval fend l'air sous les éperons,
Et derrière lui, le Noir et sa troupe
Viennent galopant, furieux et prompts.
« Que le Christ sauveur garde notre fuite !
      Noir, à ta poursuite
      Nous échapperons ! »


Le comte Lambert a gagné sa mie.
Dans son château-fort, il est de retour ;
Sa peine était grande, elle est endormie ;
C'est fête au manoir et fête alentour.
Le comte Lambert est en grand' liesse :
      La jeune comtesse
      Est là, dans sa tour.

PATRE ET CAPORAL

# PATRE ET CAPORAL

Le fils de la Grand' Guite est arrivé dimanche
Après avoir passé trois mois à l'hôpital.
Il porte un beau galon tout rouge sur sa manche
    Et l'on dit qu'il est caporal.

Il revient d'un pays où l'on n'a rien à boire,
Où l'on fait la moisson quand chez nous c'est l'hiver;
En frisant sa moustache, il conte et donne à croire
    Qu'il a vu des requins en mer !

Il dit que là-bas l'homme est plus laid que le singe,
Parle un patois risible, a le visage noir
Et, nu plus d'à moitié, peut se passer de linge...
    Est-ce bien vrai ? Qu'on aille y voir !

Moi, quand avec mon chien je mène au champ mes chèvres
Et mes trente moutons, étant seul au grand air,
Je songe... j'ai quinze ans, pas de moustache aux lèvres,
    Mais je regarde et je vois clair.

9

On invite partout le soldat, on le fête ;
Pour lui tous les festins, sans lui pas de régal ;
Aux noces d'alentour sa place est toujours prête...
        Très bien, puisqu'il est caporal !

Dès qu'il entre à la danse, avec coquetterie
Les filles jouent de l'œil ; depuis qu'il est ici,
Je l'ai bien remarqué, la petite Marie
        Fait avec moi la fière aussi.

Poliment, l'autre jour, dans la cour du domaine,
Je l'ai salué ; lui, d'un signe de la main
M'a répondu, daignant me regarder à peine,
        En marmottant : Bonjour, gamin !

Gamin !... mais patience !... et les filles, je gage,
Quand j'aurai plus de barbe au menton qu'aujourd'hui,
Non, ne garderont plus, malgré son beau langage,
        Toutes leurs œillades pour lui.

Je n'aurai pas besoin de redresser ma taille
Pour me faire valoir, pour être son égal ;
Je partirai peut-être aussi pour la bataille
        Et je reviendrai caporal !

# LA COMPLAINTE DU CHÊNE-AU-PENDU

Bonnes gens de cet auditoire,
Oyez tous, et dévotement
Gardez, pour exemple, en mémoire
Le crime avec le châtiment.

Un jour d'hiver, dit la légende,
Veille de la Nativité,
L'intendant du château, dont grande
Était envers tous l'équité,

Partit, le matin, dans la brume,
Sur son cheval bien harnaché,
Pour vendre, selon la coutume,
Le blé de son maître, au marché.

A travers la forêt profonde,
Le chemin, — malaisé le jour,
Dangereux la nuit, — fait la ronde,
Grimpe, dévale tour à tour.

Au bout d'un trajet difficile,
Fondrières, cailloux, fossés,
Quand l'intendant fut à la ville,
Il eut des chalands empressés.

Il fit d'abord sa vente, comme
Toujours, avec zèle et raison,
Livra le grain, toucha la somme
Et repartit pour sa maison.

Mais voyant le soir déjà proche,
En toute hâte il s'en allait,
Les écus dans une sacoche,
Dans ses fontes un pistolet.

Du fond d'un ravin que seuls hantent
Fauves et braconniers, soudain
Trois hommes d'un bond se présentent,
Munis chacun d'un fort gourdin.

L'un saute au cheval qu'il arrête,
Les autres saisissent les bras
Du cavalier dont l'arme est prête,
Mais que tous deux jettent à bas.

— « Donne l'argent ! » — « C'est à mon maître
Qu'il appartient. » — « Prends garde à toi !
Donne ». — « Vous me tuerez peut-être...
Prenez ma vie, elle est à moi. »

Ils frappent. Lui clame : « En l'absence
D'un prêtre, ô Dieu compatissant,
Dans ce jour de votre naissance,
Lavez mes péchés de mon sang !

» Que la main de Dieu me conduise
Au Paradis de ses élus !... »
— Sous les bâtons il agonise,
Sa parole ne s'entend plus.

Au bras d'un chêne centenaire
Ils suspendent son corps meurtri...
Et maintenant, plus rien à faire
Que chercher ailleurs un abri.

Lors ils éventrent la sacoche
Et chacun, de ses doigts tremblants,
Emplit fiévreusement sa poche
Du fruit du sang, les écus blancs.

Puis, sans pitié pour la victime
De leur infâme guet-apens,
Bien tranquilles, du lieu du crime
S'éloignèrent les sacripants.

La lune, dans la nuit sereine,
Semblait, aux yeux des assassins,
Mettre une auréole au vieux chêne
Qui dominait les troncs voisins.

— Ils s'en vont par le chemin rude.
Au moment de se séparer,
Dans la muette solitude,
Ils s'arrêtent pour conférer.

Mais pourquoi leurs bras de la sorte
Tendus ?... Que voient-ils de hideux ?...
L'arbre, avec le pendu qu'il porte,
Les a suivis, il est près d'eux.

Une frayeur sans nom soulève
Leur cœur en leur sein... les voilà
Qui courent, courent... est-ce un rêve ?
Ils se tournent : le chêne est là.

Ils reprennent leur course folle
Dans les massifs de la forêt,
Bouche béante, sans parole,
Jarrets défaillants, sans arrêt.

Après le fossé, la clairière ;
Le sommet après le ravin...
Et s'ils regardent en arrière,
Le chêne est là : s'enfuir est vain !

La cloche de minuit qui sonne,
Telle la voix d'un justicier,
Les poursuit et les aiguillonne
Comme d'une pointe d'acier.

Des mystérieuses futaies
Ils pénètrent les profondeurs,
Violant le gîte des laies,
Épouvantant les loups rôdeurs.

Ils tombent : la peur les accable ;
Les ronces déchirent leur chair,
Et toujours le chêne implacable
Se détache sur le ciel clair...

Ils ne sortirent des bois sombres
Qu'à l'heure où blanchissait au ciel,
De la nuit balayant les ombres,
L'aube d'un beau jour de Noël.

Près d'un village, à bout de force,
Tous trois vinrent, crispant les mains,
Les yeux hagards, la bouche torse,
S'abattre, fauves plus qu'humains.

Pourquoi ce sang à leurs fronts blêmes ?
Quel effroi raidit leurs cheveux ?
On les interrogea : d'eux-mêmes
Ils commencèrent leurs aveux.

On les roua, puis au grand chêne,
Pour le régal du noir corbeau,
Leurs corps pourrirent à la chaîne,
Sans sépulture et sans tombeau.

— Au cours des siècles rien ne dure ;
Mais l'oubli n'a point effacé
L'abominable forfaiture
De ces brigands du temps passé

Et le témoin vengeur du crime,
Le vieil arbre, comme autrefois,
Dresse encore sa haute cime
Sur le vaste océan des bois.

# FLEURS DE MAI.

### (4 mai 1897.)

— Fleurs d'amour !
Eclat du jour !
Mai qui chante est de retour.

Les riches de la grand' ville
Se sont assemblés entre eux :
Ceux dont la vie est facile
Pensent-ils aux malheureux ?

— A germé
Tout grain semé...
O tant joli mois de mai !

Oui, les dames châtelaines,
Noblesse, grâce et bonté,
S'en vont, aumônières pleines,
Pour faire la charité.

— Du gazon
Et du buisson
C'est la grande floraison.

Et les voici réunies
Dans la salle au gai décor,
Aux parois de bois garnies
De pourpre, d'azur et d'or.

   — Dans les bois
    Courent des voix
De musette et de hautbois.

C'est le sourire à la lèvre
Qu'on apprête aux miséreux
Un peu des biens dont les sèvre
Leur destin si rigoureux.

   — Près des eaux,
    Sur les roseaux,
Vole et jase un chœur d'oiseaux.

Plaisir du bien, douce joie
D'une fête sans remord
Où l'on dispute sa proie
A la détresse, à la Mort.

   — Eglantiers
    Et noisetiers
Pleins de nids par les sentiers.

La Mort, ah ! marquant leur tombe,
A relevé leur défi :
Pour une atroce hécatombe
Vingt minutes ont suffi !

— Le printemps
Aux cœurs contents
Met l'espoir des heureux temps.

Au souffle des épouvantes
L'Incendie a fait son choix,
Allumant, torches vivantes,
Cent victimes à la fois.

— Soleil clair
Tiédissant l'air
Réjouit l'âme et la chair.

O Volonté que ne sonde
Aucun regard d'ici-bas !
Quoi ! tous ces heureux du monde
Voués à pareil trépas !…

— Par milliers
Fleurs aux halliers,
Fleurs aux jardins familiers !

Et dans l'horreur des ruines
Tout sombre ; rien n'est resté
Que vos germes, fleurs divines,
Pitié sainte et charité !

— Mai si prompt,
Ces fleurs vivront
Quand les tiennes passeront !

# LES PÈLERINS

*A D. Manuel Fombona Palacio.*

Voici trois pèlerins qui vont au bon Saint-Jacques.
Ils se sont rencontrés naguère, un soir de Pâques,
Venus de points divers, au même carrefour,
Et depuis, côte à côte, ils marchent tout le jour
Sous l'ardeur du soleil, pieds nus et tête nue.
Deux ont le crâne chauve et la barbe chenue,
Mais leur regard est vif, ils restent droits et verts,
Vieillis par les excès plus que par les hivers.
Presque un enfant encor, maigre et blond, le troisième
Porte dans ses yeux clairs, comme sur son front blême,
Une tristesse immense... Et muni du cordon
A la ceinture, ayant à la main le bourdon,
Le trio pénitent vers Saint-Jacques chemine.
Les peuples, curieux de lire sur leur mine
L'indice d'un grand crime ou d'un lourd désespoir,
Les regardent passer chez eux de l'aube au soir,
Par les quais des cités ou les chemins rustiques,
Marmottant leur prière ou chantant des cantiques.

Pour vivre, ils ont le pain qu'on leur donne par Dieu,
Boivent l'eau du courant, dorment sous le ciel bleu
Leur corps est défaillant et leur âme est bien lasse,
Tandis qu'au grand apôtre ils vont demander grâce,
Les deux vieillards, pour eux, pécheurs, que le remord
Torture et qui voudraient s'absoudre avant la mort.
Le jeune va prier pour expier des crimes
Dont il est innocent, pour sauver des victimes
Qui tombent chaque jour sans réclamer pardon,
Qu'il rêve d'arracher au suprême abandon.
Ainsi, de jour en jour, égrenant leurs rosaires,
Tous trois vont-ils, traînant et clamant leurs misères.
Que le voyage est long ! que rude est le chemin !
Mais leur trajet pourtant approche de sa fin
Et chacun, exhalant sa ferveur à voix haute,
Se met à s'accuser, à confesser sa faute :
« Dieu de miséricorde, ayez pitié de nous !
Chrétiens vils et souillés, nous revenons à vous
Par l'intercession de votre saint apôtre.
Hideux est tout péché, détestable est le nôtre !
L'or m'a fait succomber à la tentation...
J'ai subi de la chair la basse passion...
O saint miraculeux, patron de la Galice,
Des esprits infernaux détourne la malice ! »
Et cependant qu'ainsi se lamentent les vieux,
Le jeune crie avec des larmes dans les yeux :
« Mon père a fait mourir des hommes par centaines,
Le sang qu'il a versé remplirait des fontaines.

O penser qui m'obsède et toujours me poursuit !
Dans la splendeur du jour, dans l'horreur de la nuit,
J'entends monter vers moi l'appel de ses victimes
Qui demandent pitié du profond des abîmes.
Parmi ceux que son bras frappe mortellement,
Combien sont en état de péchés, au moment
Où, par lui, la clarté du ciel leur est ravie ?
En expiation, Seigneur, prenez ma vie ! »

Et ses pleurs s'écoulaient chaque jour plus amers ;
Son visage flétri s'émaciait ; ses chairs
Jaunissaient comme cire ; il frissonnait de fièvre,
Plus de sommeil ; le pain s'arrêtait sur sa lèvre.
Ses compagnons souffraient d'une telle douleur,
Une grande pitié pénétrait en leur cœur ;
Voyant ses yeux éteints et sa face abattue :
« Le forfait paternel, se disaient-ils, le tue.
Quel brigand l'enfanta, lui, si pur et si doux ?
Les agneaux maintenant descendent-ils des loups ?... »

Or, comme ils franchissaient les portes de la ville,
Le jeune pèlerin se sentit plus débile ;
Il murmura : « Mes reins sont lourds, mon front est ceint
D'un cercle qui l'écrase... Oh ! vite, aux pieds du saint
Portez-moi, compagnons, déposez-moi sur l'heure :
Que je puisse un instant le voir et que je meure ! »
Alors les deux vieillards, lui soutenant les bras,
Le conduisirent presque inerte, à petits pas,

Pour accomplir son vœu, jusqu'à la cathédrale,
Et comme il leur disait : « Couchez-moi sur la dalle, »
— « Ami, rassure-toi ! le prêtre va venir
Entendre tes péchés, t'absoudre et te bénir.
Ta prière est fervente et ne peut rester vaine,
A tes intentions nous dirons la neuvaine.
Si la grâce du Ciel se répand en son sein,
Dieu peut faire un élu du plus grand assassin.
Espère donc, espère en Dieu toujours ! espère !
Quel que soit son forfait, nous prierons pour ton père. »
— « Ne priez pas pour lui, mon père est innocent ;
Priez plutôt pour ceux dont il verse le sang,
Puisqu'à l'œuvre de mort il a voué sa vie ! »

Comme les pèlerins que ce mot stupéfie
L'interrogeaient d'un œil agrandi par l'effroi :
« Mon père, ajouta-t-il, est le bourreau du roi. »

## SON DE CLOCHE

L'étang dort ; la lune se lève.
Sur la rive où je viens m'asseoir,
Je perçois, vague comme en rêve,
Le son d'un Angelus du soir.

C'est en ce lieu, dit la légende,
Que s'engloutit, peuple et trésor,
Toute une ville, riche et grande,
Dont les clochers sonnent encor.

D'où vient le son ? de quelque église
Perdue au loin ?... du fond des eaux ?...
J'écoute : rien ne se précise ;
Le son flotte sur les roseaux.

Il s'éteint, renaît, se prolonge,
Sensible à peine ; c'est un bruit
Vague, vague comme en un songe...
La cloche enfin meurt dans la nuit.

La lune luit sur l'onde glauque...
Et soudain la meute des vents,
Hurlant en chœur son aboi rauque,
Passe à travers les joncs mouvants.

LA MAISON BLANCHE DU BOIS

# LA MAISON BLANCHE DU BOIS

La maison blanche au seuil fleuri
Est comme un nid dans la verdure ;
Le taillis qui lui prête abri
L'ourle d'une verte bordure.

Un grand hêtre y tend les réseaux
De sa ramure frémissante,
Où fait tout un peuple d'oiseaux
Sa musique divertissante.

Aux approches du soir, souvent
Je m'en vais à la maison blanche,
Jusqu'au vieux hêtre, quand le vent
Se calme assoupi sur la branche.

Sur les cimes, dans les halliers,
Que le soleil rouge incendie,
Alors les oiseaux familiers
Versent des flots de mélodie.

Tous les chanteurs de la forêt
M'accueillent en leur frais refuge
Par un tel concert, qu'on dirait
Qu'ils me prennent, rivaux, pour juge.

O doux virtuoses du bois,
Quel charme en votre cœur qui chante !
Pourtant, ce n'est pas votre voix
Qui me plaît, m'attire et m'enchante.

Oh ! qu'elle chante mieux encor
Sous le toit qu'ombrage le hêtre,
La belle fille aux tresses d'or
Assise auprès de la fenêtre.

C'est pour elle, c'est pour la voir,
Et c'est — double attrait — pour l'entendre,
Que je viens si souvent m'asseoir
Dans vos quartiers, sur l'herbe tendre.

Oiseaux, ne soyez pas jaloux,
Si je dis sa voix sans pareille.
Puis-je vous apprécier, vous ?
Cœur amoureux n'a pas d'oreille !

Elle, en fleur de ses dix-huit ans,
Ne s'y trompe pas, non : sans doute,
Elle a deviné dès longtemps
Que ce n'est pas vous que j'écoute.

# LAMENTO

En mon cœur qu'attire
Une étrange voix,
Je sens des émois
Que je ne peux dire...
La chanson de mai soupire
Par cent flûtes dans les bois.

Mon cœur se replie
En son rêve amer :
Pauvre cœur, oublie
Ton songe d'hier !
Ecoute — ô mélancolie ! —
Les cors d'octobre dans l'air.

Mon cœur s'emplit d'ombre,
Mon cœur est glacé.
L'orage a passé,
Tout croule, tout sombre...
Décembre dans le bois sombre
Hurle et pleure au trépassé !

# LA LÉGENDE DE LA CROIX-DU-BOIS

*Au poète bulgare Ivan Vazov.*

Ce soir-là, dans le fond du bois,
Le chat-huant hua trois fois.

*

La cloche sonne lente, lente,
L'Angelus : on dirait un glas.
Oh ! comme la lune là-bas
    Paraît sanglante !

Qui donc chemine au carrefour
De la forêt, quand meurt le jour ?

C'est un jeune homme à douce mine,
Aux membres frêles, dont les mains
Ne sont aptes qu'aux parchemins
    Qu'il enlumine.

Fils de vilain, clerc de moutier,
Des vieux artistes héritier.

Il sait composer un poème
Et des hymnes sur de beaux airs,
Que chantent au lutrin les clercs
    Avec lui-même.

Il aime les sentiers feuillus
A l'heure où tinte l'Angelus.

Par ce soir calme qui l'enchante,
Il va sans songer au péril
Et, comme un rossignol d'avril,
    Il chante, il chante.

Soudain : halte ! crie une voix
Qui sonne aux profondeurs du bois.

Qui donc ainsi parle ? — Un colosse,
Là, pour un guet-apens, venu ;
L'adolescent a reconnu
    Sa face atroce.

C'est l'ennemi : pour le chanteur
Quelle haine ronge son cœur !

La lune éclaire son teint rouge,
Ses yeux torves flambent ; sa main
Barre au jeune homme le chemin
    Où rien ne bouge ;

Dans la solitude, une croix
Seule étend là ses bras de bois.

— « Où vas-tu, liseur d'écriture,
Avorton, faiseur de chansons?
De toutes tes belles façons,
    Moi, je n'ai cure.

» Mais devrai-je sur mon chemin
Te rencontrer encor demain?

» Non, il faut que l'un de nous meure;
Je suis las de t'ouïr chanter...
En garde! Nous allons lutter
    Ici, sur l'heure!

» Vite, poltron!... tu ne dis rien;
Tu trembles de peur... et fais bien!

» Vois-tu ce poignard? Il me tarde
De plonger la pointe en ton sein... »
— « Fais donc ta besogne, assassin,
    Et Dieu me garde! »

C'est alors que le grand hibou
En hululant quitta son trou.

Triste combat! Brève est la lutte.
Le chanteur ne résiste point;
L'autre l'abat d'un coup de poing,
    Son poing de brute.

Lors le hibou s'est approché,
Sur la croix, huant, s'est perché.

Le géant qu'enivre son crime
S'acharne... ses poings maintenant
Martellent le corps frissonnant
    De sa victime.

Et là, pour la troisième fois,
Le hibou cria dans le bois.

Cri si lugubre qu'il pénètre,
O bourreau, jusque dans ta chair !
— Il passe comme un feu d'enfer
    Dans tout son être.

Pour chasser l'importun hibou
Lui se dresse en tournant le cou.

Mais le voici béant, livide,
Ses bras tremblants comme roseau
Montrent la croix d'où part l'oiseau,
    Battent le vide.

Quoi donc ? Quel spectacle imprévu ?
Quel péril a-t-il entrevu ?

Dans la clarté la croix s'érige,
Et le bois, tout à l'heure nu,
Porte un crucifié, venu
    Par quel prodige !

Oh ! ce témoin ! Est-ce Jésus
Que supportent les ais moussus ?

C'est lui : la vision est vraie ;
Son regard fixe est arrêté
Sur le bandit ; dans son côté
    S'ouvre sa plaie.

Goutte à goutte, en coule le sang
Qui le long de la croix descend.

Et l'assassin... hors de l'orbite
Ses yeux hagards semblent sortir...
Il voudrait ou s'anéantir
    Ou s'enfuir vite.

Mais inertes, paralysés,
Ses pieds au sol restent fixés.

Sur sa face horriblement pâle,
Sue une peur à rendre fou...
Il tombe... le souffle à son cou
    S'arrête en râle.

On trouva, dès le point du jour,
Deux corps gisants au carrefour.

Le brigand encore respire.
Comme on l'objurgue au nom de Dieu,
De son forfait il fait l'aveu,
    Puis il expire...

Or, de par le vouloir divin,
Chrétiens, oyez ce qu'il advint.

Il surgit du flanc de la terre,
Là même où ruissela le sang
Du pauvre chanteur innocent,
    — Fleur de mystère, —

Un grand lys au parfum de miel,
Tel qu'en doit posséder le ciel.

Et la nuit, — merveilleux emblème, —
On peut ouïr un chant si beau !...
Vient-il de quelque étrange oiseau
    Ou du lys même ?...

# LES VIEILLES

Sous le vent tumultueux,
Par le sentier tortueux
Que surplombent les grands ormes,
Je vais seul et je crois voir,
Dans le crépuscule noir,
      Des formes.

La lune se dévoilant,
Les touche de son doigt blanc :
Spectres sortis de la tombe,
Clopinant sur un bâton,
Dont le nez jusqu'au menton
      Retombe ;

Vieilles femmes, dos tortus,
Nez crochus, mentons pointus,
Têtes sèches dénudées,
Sur les os n'ayant plus rien
Qu'une peau jaune... et combien
      Ridées !

Les voilà tout près de moi ;
Mon cœur, en pénible émoi,
Frémit, prêt à les maudire,
Quand de leurs bouches sans dents
Qui grincent, je les entends
    Me dire :


— « C'est moi, ta Jeunesse ! — Et nous,
Tes Amours des jours si doux,
Tes Amours fraîches fleuries...
— Et nous, tes Ambitions,
— Et nous, tes Illusions
    Flétries ! »


Si troublé que je vais choir,
Je m'arrête un peu pour voir
Défiler l'étrange troupe ;
Le cortège morne et lent
Me dépasse en me frôlant,
    Par groupe.


Ainsi sous le vent grondant
Vont-elles, me précédant.
Une seule reste encore
En arrière ; elle me suit
Et reflète dans la nuit
    L'aurore ;

Car elle est jeune et ses yeux
Sont charmeurs et radieux.
— « Pourquoi, belle au teint de neige,
Suis-tu d'un air ingénu
Ces vieilles au front chenu ? »
        Criai-je.


Elle, d'un ton pénétrant
Me répondit, éclairant
D'un doux sourire sa mine :
— « Seule je ne vieillis pas,
Moi, la Mort, qui sur tes pas
        Chemine ! »

# AU BŒUF GRAS

Héros d'une heure folle, oui, je te reconnais :
Au doux pays natal, là-bas, sous les ombrages,
Je t'ai vu, libre et fort, dans les gras pâturages,
Broutant paisiblement les gazons nivernais.


Tu ne pressentais pas, lorsque tu ruminais
Sous le grand soleil clair ou les cieux noirs d'orages,
Ces suprêmes honneurs pires que des outrages,
Cette fanfare après les rustiques cornets.


Ahuri par les cris que la foule profère,
Tu passes dans la pompe, ô bœuf enrubanné...
Un coin vert de pâtis serait mieux ton affaire,


Quoique rien ne décèle, en ton œil étonné,
La vague peur du sort que demain doit te faire,
Pauvre triomphateur à l'étal condamné !

# LA RONDE DE LA BELLE FAROUCHE

La belle va sous le prunier,
Vive la rose !
De fruits mûrs emplit son panier,
Dès l'aube éclose ;
Elle est partie au point du jour...
Vive la rose au rosier d'amour !

En son chemin a rencontré,
Vive la rose !
Un beau galant bien accoutré
Qui se repose
Sous le grand chêne au carrefour...
Vive la rose au rosier d'amour !

— Où vas-tu, belle au front penché ?
    Vive la rose !
— Vendre mes prunes au marché.
     — Viens, que l'on cause.
— Non, je dois hâter mon retour...
Vive la rose au rosier d'amour !

— Moi, je suis maître jardinier,
    Vive la rose !
Laisse-moi porter ton panier,
    Blonde au teint rose :
Pour tes bras blancs, il est trop lourd...
Vive la rose au rosier d'amour !

— Belle, à ton gré tu me paieras,
    Vive la rose !
— Galant, de moi vous n'aurez pas
    La moindre chose.
Je vous le dis, là, sans détour...
Vive la rose au rosier d'amour !

— Mais un merci du bout des doigts...
    Vive la rose !
— Non, rien ne veux et rien ne dois
    Et nul ne glose ;
Car tout service attend retour...
Vive la rose au rosier d'amour !

# LACRYMÆ RERUM

*A Eugène Muller.*

L'étang morne est muet. Des brumes sépulcrales
Flottent sur l'eau qui dort. Comme des vieux transis,
Les grands ormes du bord semblent pousser des râles
Quand le vent d'hiver passe en leurs rameaux roussis.

Un batelet, témoin de fêtes disparues,
D'embarquements rieurs et de belles amours,
Se disloque, envahi par les herbes accrues,
Las d'attendre quelqu'un en allé pour toujours.

Dans le fourré du bois où l'étang gris s'enfonce,
Un pivert par instant jette son double cri,
Tel un appel d'ami qui reste sans réponse,
Tel un regret plaintif qu'exhale un sein meurtri.

Pas un rayon furtif du lourd ciel de nivôse
Ne s'échappe, glissant sur la torpeur de l'eau...
Comme le cœur se serre à la tristesse enclose
Dans ce débris de barque et dans ce cri d'oiseau !

A.-P. Garcement del.

LACRYMÆ RERUM

# CHARITÉ

Quand, précis comme Barême,
L'an qui marche à pas constants
Ramène la Mi-Carême
  Au seuil du printemps,

La Charité se déguise
Et, pour le déshérité,
Son fils bien-aimé, se grise
  D'un doigt de gaîté.

Sachant — soit dit sans reproche —
Que le rire à belles dents,
Ô Riche, ouvre mieux ta poche
  Et prend l'or dedans,

Avisée et toujours prête
Aux artifices pieux,
Elle chante un air de fête
  Aux flonflons joyeux,

Et voilant son cœur qui saigne
Pour les pauvres indigents,
Elle écrit sur son enseigne :
   Allons, bonnes gens,

Soyez, vous heureux du monde,
Tous en liesse aujourd'hui,
Mais pensez une seconde,
   Pensez à celui

Que la faim mord à cette heure,
Dans le noir taudis sans feu,
Et, grâce à vous, lui qui pleure
   Va sourire un peu !

# CHANSON TRISTE

En me promenant le long des taillis,
— Papillons, dondé, voletez, dondaine, —
J'ai trouvé rêveuse, au bord de la fontaine,
La fille aux yeux clairs, aussi blanche qu'un lys.

Quoi ! belle, ai-je dit, belle aux grands yeux clairs,
— Papillons, dondé, voletez, dondaine, —
Je te vois si triste, ah ! quelle est donc ta peine,
Si triste passant par les chemins couverts !

L'hiver morne a fui, voici le printemps,
— Papillons, dondé, voletez, dondaine, —
Un souffle de joie anime dans la plaine
La fleur fraîche éclose et les oiseaux chantants.

Laisse s'envoler la chanson d'avril,
— Papillons, dondé, voletez, dondaine, —
De ta lèvre rose où le rire s'enchaîne ;
Ton cœur veut s'ouvrir : pourquoi se ferme-t-il ?

Elle a répondu de si douce voix,
— Papillons, dondé, voletez, dondaine : —
Qu'importe que brille au pré la marjolaine !
Que le tourtereau roucoule au fond des bois !

Je ne sais plus rire et ne chante plus,
— Papillons, dondé, voletez, dondaine ; —
O rires charmants dont mon âme était pleine,
O chants ailés d'or, je vous ai tous perdus !

Je vous ai perdus, voilà bien des jours,
— Papillons, dondé, voletez, dondaine, —
Quand, fatal adieu, delà la mer lointaine
Cœur brisé, j'ai vu s'en aller mes amours !

Vous l'avez suivi, lui, le cher absent,
— Papillons, dondé, voletez, dondaine ; —
Si le sort ami bientôt me le ramène,
Quelle gaîté neuve en mon cœur renaissant !

Elle a murmuré, murmuré tout bas,
— Papillons, dondé, voletez, dondaine : —
Plus ne sourirai si mon attente est vaine
Et jusqu'au retour je ne chanterai pas !

# VIEUX MOULIN

Quand la bise d'hiver à coup d'ailes secoue
Le vieux toit bossué du moulin frissonnant ;
Que la rivière opaque en sa couleur de boue
Chasse la lavandière et fait craquer la roue
Sous l'effort continu de son flot bouillonnant,

Silhouette penchée à la fenêtre close,
Dans la lueur discrète apparaît quelquefois,
Pure fleur de printemps nouvellement éclose,
Blonde comme le blé, rose comme la rose,
La meunière qui chante avec sa douce voix.

Hier, en l'entendant, la petite meunière,
Voilà qu'un souvenir m'est soudain revenu,
Celui d'une fauvette, à la saison dernière,
Qui jetait dans le vent sa chanson printanière
Et dont le nid tremblait sur le rameau chenu.

# LA VENGEANCE DU CHÊNE

———

A Eugenio Maccary.

L'homme fier et chétif, l'homme a dit au grand chêne :
« Dans la forêt profonde où tu vécus en roi,
» Tu restes seul debout, seul à subir ma loi
» Et contre mon vouloir ta résistance est vaine.

» Ton sort, j'en suis l'arbitre, et tu dépends de moi
» Bien mieux que de son maître un chien mis à la chaîne.
» Eh bien ! j'ai décidé de te survivre, à toi
» Qui peux vivre mille ans, et ta chute est prochaine ! »

L'orgueilleux attaqua, la cognée à la main,
Le vieux chêne muet qui, dès le lendemain,
Frappa le sol, avec un fracas de tonnerre ;

Mais l'homme, encore armé, gisait, blême et béant,
Écrasé sous le tronc quatre fois centenaire,
Comme un vil moucheron sous le pied d'un géant !

# CLAIR DE LUNE

Par le sentier connu, vers ta demeure aimée,
La Lune m'a conduit à l'heure accoutumée ;
La Lune aux cornes d'or jouant dans la ramée
Dansait sur le gazon devant mon pied joyeux
Et tout, dans la nature émue et parfumée,
Tout berçait mon oreille et caressait mes yeux.

J'arrive : porte close, et sombre est ta demeure ;
Rien n'en révèle, rien, la vie intérieure.
J'attends dans l'ombre... Triste et lente passe l'heure,
Scandée aux battements de mon cœur inquiet
Qui vainement s'abîme en ta pensée et pleure
Au seuil de ton logis toujours morne et muet.

Et tout en revenant par le chemin paisible,
J'en voulais à la Nuit de rester insensible
Au dépit qui grondait en mon âme irascible ;
Tout me semblait morose et mon front se ridait
Sous la froide lueur de la Lune impassible,
Qui me suivait de branche en branche et m'obsédait.

## A ***

Ami, la vieillesse te touche
De son doigt rigide ; ta bouche
Qui se plaît à rire, aujourd'hui,
Vaguement, murmure une plainte,
Et sur ton front, plissé d'ennui,
La mélancolie est empreinte.

Je t'ai compris : l'isolement,
Longtemps porté légèrement,
Pèse sur toi, lourd comme tombe.
Ce penser, plus froid qu'un linceul,
Enserre ton cœur qui succombe :
« Seul dans la vie et toujours seul ! »

Sous ton toit, par insouciance,
Ou par timide défiance,
Pourquoi n'as-tu pas fait asseoir
La compagne qui, de ta vie,
Eût consolé le triste soir
Et que ton vain regret envie ?...

Ton sort est le mien : tout entiers
Nous mourrons, privés d'héritiers
Gardant chère notre mémoire.
Sans appui, vieillards orphelins,
Nous irons à la fosse noire...
Plains-moi donc comme tu te plains.

# LA BELLE-AU-PRÉ-DORMANT

*A André Theuriet.*

Telle une vasque d'or que la lumière embrase,
L'étang luit au soleil. Alignés sur le bord,
Les aulnes, que le poids d'un jour torride écrase,
Semblent dormir aussi le long de l'eau qui dort.

Et l'insecte en son trou, la brise dans les branches,
Sous la feuille l'oiseau, tout paraît endormi ;
Même la pastourelle, avec les vaches blanches,
Que le gazon dru cache et recouvre à demi.

Au penchant de la berge, où l'herbe molle abonde,
Dans une ombre qu'épanche un chêne aux bras puissants,
A l'air libre, elle dort, la pastourelle blonde,
Avec le charme inné qui rit dans ses quinze ans.

Elle a de chèvrefeuille encerclé son front rose,
Ceint sa taille de joncs piqués de fleurs des prés ;
Sur son sein, mollement, un bras nu se repose ;
Se noyant dans le flot de ses cheveux dorés,

L'autre bras, relevé, s'arrondit sous sa tête...
Et si souveraine est sa grâce de printemps,
Qu'elle évoque la Belle inconnue et secrète,
La Princesse tant chère aux récits du vieux temps ;

Car, perdu dans ce coin d'universel silence,
Devant ces eaux, ces prés, ces êtres engourdis,
Ces roseaux dont, à l'air, pas un ne se balance,
Il me semble ici vivre un conte de jadis,

Et, comme à l'horizon poind une silhouette,
Je crois le voir venir, lui, le Berger-charmant,
Qui devra, secouant cette torpeur muette,
Galamment éveiller la Belle-au-Pré-dormant.

# PREMIERS JOURS D'AUTOMNE

Après les ciels de feu, le soleil plus clément
Caresse le champ vide où sécha la javelle :
L'an retrouve un aspect de jeunesse nouvelle
En toi, Septembre, mois si doux et si charmant.

Oui, dans le matin calme où ta main échevèle
Ta fine et molle brume, on croirait par moment
Voir la gaze d'Avril flotter légèrement
Sur le pré d'où s'élève un chant de bartavelle.

Tu fais rêver, Septembre, à cette fleur d'amour,
La fleur qui soudain germe et qui s'ouvre un beau jour
Au plus profond repli d'un cœur quinquagénaire,

Tardive éclosion, regain inopiné
D'un printemps regretté qui ne se régénère
Que pour mourir, hélas ! vite et bientôt fané !

# AU CIMETIÈRE

## I. — PENSÉE NOIRE

A toi le sceptre et la couronne,
A toi l'honneur et le pouvoir,
Tous les plaisirs que l'argent donne
Et tous les biens qu'on peut avoir.
Ton orgueil écrase ton frère
D'un mépris plus immense encor
Que celui dont l'aigle aux yeux d'or
Pulvérise le ver de terre...
    — Ou sage ou fou,
Que l'on s'estime peu ou prou,
On s'en va tous au même trou.

Où donc ta fortune superbe,
Ta colossale vanité?
Maintenant tu pourris sous l'herbe
Dans la funèbre égalité.
Hier, fracas et violence;
Aujourd'hui, suprême repos:
Riche ou gueux, c'est même silence,
Même lit pour coucher tes os...

— Mais immortelle,
Pour sa destinée éternelle,
L'âme libérée ouvre l'aile.


## II. — TOMBE VERTE

Je fais sur votre tombe, ô mon père, ô ma mère,
Grimper, se dérouler, s'enguirlander le lierre.
Il encadre la dalle, il borde les contours,
Il enlace la croix de festons verts toujours,
Il rampe, s'élargit, s'écarte, semble craindre
De ne pouvoir tout embrasser et tout étreindre.
Sur les montants par l'eau du firmament lavés,
Ses jets s'élancent, tels des doigts au ciel levés,
Et, mêlé quelquefois d'herbe folle flétrie,
Sur la pierre de mort il entretient la vie.

De même que le lierre accroche, fixe, unit
Sa tige caressante aux parois du granit,
Le Souvenir fidèle, ô défunts que je pleure,
S'attache fermement, plus ancré d'heure en heure,
A l'intime tombeau que je vous ai dressé
Dans le fond de mon cœur, sûr gardien du passé.
Malgré les ans par qui tout s'éteint, tout s'efface,
Le souvenir sacré reste jeune et vivace:
Quelquefois, plante amère, il s'y mêle un remords,
Celui de vous avoir aimés trop peu, chers morts!

# LA PRIÈRE

*A la mémoire de Ch. Le Blanc Bellevaux.*

## I

Quand, lasse de souffrir épreuve sur épreuve,
Ayant perdu l'espoir et versé tous ses pleurs,
Succomba sous le faix la pauvre jeune veuve,
Un long cri de pitié sortit de tous les cœurs.

Le prêtre, accompagné de la paroisse entière,
Confia sa dépouille à l'asile de paix,
Un soir que le soleil dorait le cimetière
De ses rayons mourant sous les rameaux épais.

Le cercueil disparut dans la terre entr'ouverte,
Le prêtre le bénit, la foule s'écoula...
Devant la fosse, seuls, sur la pelouse verte,
Deux êtres — un vieillard, un enfant — restaient là.

C'était de la défunte et la fille et le père,
L'aurore et le déclin, cheveux blonds, cheveux blancs,
L'une qui trébuchait sans la main de sa mère,
L'autre robuste encor et droit malgré les ans.

Elle, fleurette éclose au grand air du village,
Mais tout à coup pâlie au reflet d'un linceul
Et contre les rigueurs du froid et de l'orage,
Ne gardant pour abri que les bras de l'aïeul ;

Lui, vieux chêne battu des vents, roide et farouche,
Aigri par l'injustice et par l'adversité,
Ayant toujours un mot de vengeance à la bouche,
Un ferment de colère en son cœur irrité.

Nul attendrissement ne gonflait sa poitrine ;
Ni pitié dans son sein ni larmes dans ses yeux ;
Il allait, ne voyant au rosier que l'épine,
Refusant de lever le regard vers les cieux.

Quoique de sa carrière il atteignît le terme,
Que le sort le frappât de coups multipliés,
Dans son isolement il restait aussi ferme ;
Ses genoux devant Dieu ne s'étaient pas ployés.

En vain la pauvre femme, en ce moment couchée
Au champ des morts, en vain sa fille avait juré
De rafraîchir cette âme aride et desséchée,
D'apaiser, de guérir cet esprit uicéré ;

Elle avait supplié, puis avait dû se taire,
Et cet homme de fer demeurait insoumis,
Supportait sans fléchir l'assaut du vent contraire
Et bravait le front haut les destins ennemis !

Mais combien, aujourd'hui, l'atteinte était plus rude !...
Cependant, impassible, il suivait le chemin,
Menant, au crépuscule et dans la solitude,
L'enfant qui sanglotait appuyée à sa main.


## II


Ils arrivaient au seuil de la maison. Dans l'ombre
Le vent jetait sur eux comme un bruit de soupir.
L'homme ouvrit : le foyer de la salle était sombre,
Sous la cendre le feu venait de s'assoupir.

Une grande tristesse émanait des ténèbres...
L'homme aviva dans l'âtre une vague lueur ;
Il effleura des yeux les vestiges funèbres,
Sans révéler pourtant sa muette douleur.

Ils s'assirent, puis rien ne troubla le silence,
Sauf la brise au dehors frôlant les peupliers,
L'enfant dont les sanglots perdaient de violence,
Le murmure confus des grillons familiers.

On aurait dit, voyant ces faces abattues
Dans leur morne maintien, leur immobilité
Et leur pâleur de marbre, un groupe de statues
Que dorait du foyer l'indécise clarté.

Où donc la mère ? Où donc l'âme de la demeure ?
On n'entend plus sa voix ni le bruit de ses pas.
Quel pouvoir surhumain l'a ravie à cette heure
Aux pays inconnus d'où l'on ne revient pas ?...

Et le vieillard pensait à l'écrasant mystère,
Au problème effrayant de la mort qui, de lui,
Vain spectre du passé s'attardant sur la terre,
Faisait pour l'orpheline un si fragile appui !

L'horloge, interrompant sa noire rêverie
Du haut du mur jeta soudain son tintement,
Et la main de l'enfant sur la main amaigrie
De son aïeul alors se posa doucement :

« C'est l'heure, grand-papa, dit la fillette frêle ;
Jusqu'à ce que maman revienne, il va falloir
La remplacer... Viens donc, approche-toi comme elle
Et fais-moi réciter ma prière du soir. »

Et cet accent naïf de la pauvre orpheline
Fut comme un charme étrange, un ordre souverain,
Car le vieillard sentit au fond de sa poitrine
Son cœur qui tressaillait malgré son triple airain,

Et lui, lui qui n'avait pas fait une prière
Et pas versé de pleurs depuis plus de trente ans,
Tomba près de l'enfant à genoux sur la pierre,
Pria, la tête basse, et pleura bien longtemps !

# A JEANNE D'ARC

—

A toi, libératrice, ô Jeanne la bergère,
Ange du sol natal, je pense bien souvent :
Dans les anxiétés d'un âge décevant,
Ta douce image rend ma peine plus légère.

Elle donne à mon cœur réconfort, me suggère
Une foi plus profonde, un espoir plus fervent
Dans les destins promis à la France si chère,
Parfois gisante à mort, toujours se relevant.

Quand ton corps fut réduit en poudre dans la braise,
Le vent du ciel passa sur l'inique fournaise,
Ravissant une part de ta cendre aux bourreaux ;

Nos glèbes l'ont reçue, et ce serait démence
De croire qu'il ne peut, d'une telle semence,
Naître encor des moissons de saints et de héros.

# AU FOYER

*Petit foyer simple et modeste,*
*Où j'ai vieilli sans m'en douter,*
*Fidèle, ô foyer, je te reste*
*Et fidèle veux te rester.*

*Propice au labeur de mes veilles,*
*Témoin des bons, des mauvais jours,*
*Toi qui soutiens et qui conseilles,*
*Confident sûr, ami toujours,*

*La jouissance la meilleure,*
*Oui, c'est à toi que je la dois...*
*Mais privé de ceux que je pleure,*
*Tu n'as plus l'attrait d'autrefois.*

*Mon front que laboure la ride*
*Vers toi se penche : je te vois*
*Doux et riant d'accueil, mais vide ;*
*Calme et familier, mais sans voix.*

*Je te peuple des ombres chères*
*Des défunts qui m'ont tant aimé :*
*Hélas ! ces visions légères*
*Ne t'ont qu'un instant ranimé*

*Et pour te rendre un peu de vie,*
*O mon foyer sans avenir,*
*Je n'ai dans ma mélancolie*
*Que le rêve et le souvenir !*

# TABLE

## INTÉRIEURS

## RÊVES ET SOUVENIRS